旧制高校の校章と旗

Emblems, Badges and Flags of Higher Schools in Imperial Japan

熊谷 晃

えにし書房

旧制高等学校所在地

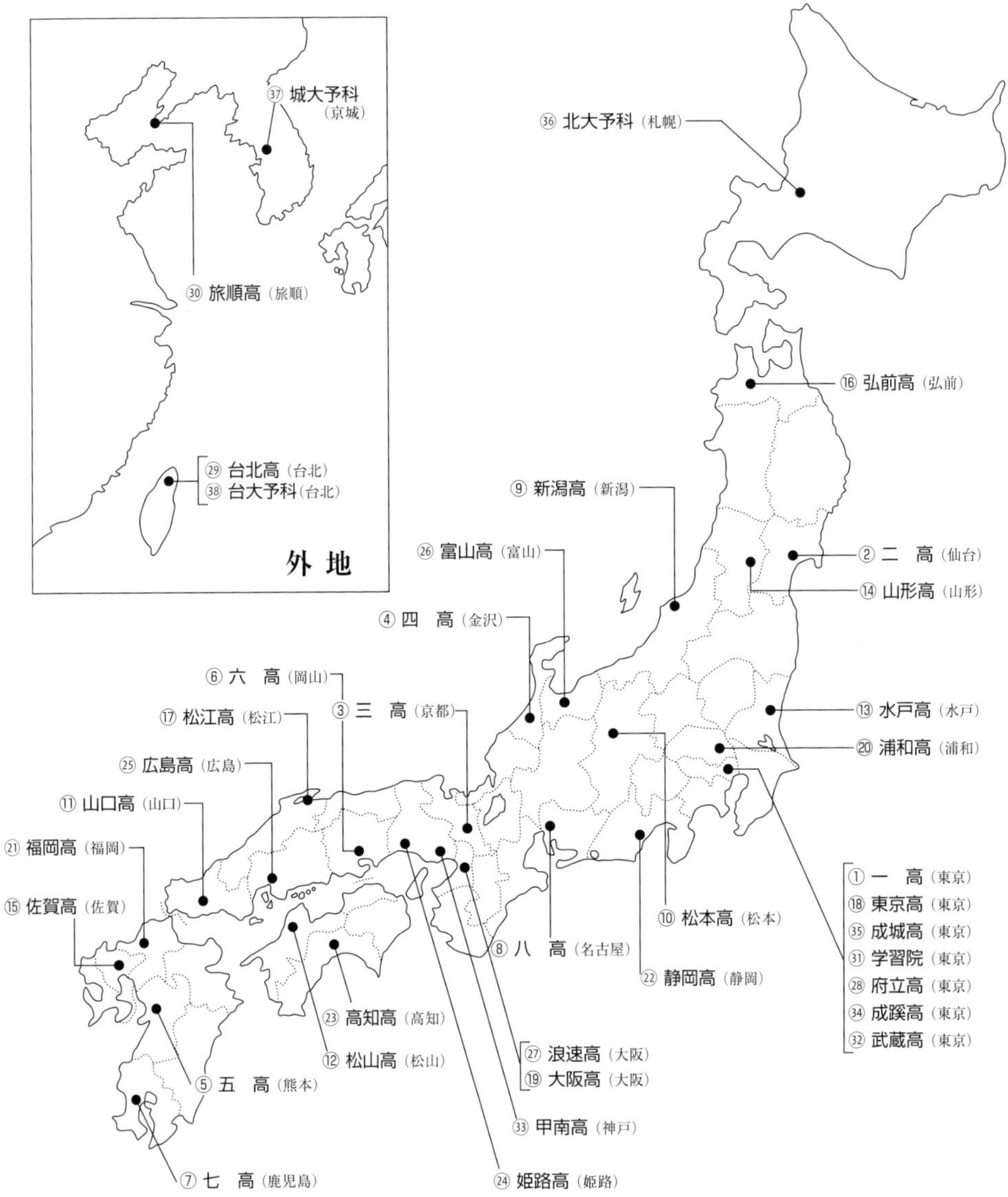

㊲ 城大予科（京城）
㉚ 旅順高（旅順）
㉙ 台北高（台北）
㊳ 台大予科（台北）
外地
㊱ 北大予科（札幌）
⑯ 弘前高（弘前）
⑨ 新潟高（新潟）
㉖ 富山高（富山）
② 二　高（仙台）
⑭ 山形高（山形）
④ 四　高（金沢）
⑥ 六　高（岡山）
③ 三　高（京都）
⑰ 松江高（松江）
⑬ 水戸高（水戸）
⑳ 浦和高（浦和）
㉕ 広島高（広島）
⑪ 山口高（山口）
㉑ 福岡高（福岡）
⑮ 佐賀高（佐賀）
① 一　高（東京）
⑱ 東京高（東京）
㉟ 成城高（東京）
㉛ 学習院（東京）
㉘ 府立高（東京）
㉞ 成蹊高（東京）
㉜ 武蔵高（東京）
⑩ 松本高（松本）
⑧ 八　高（名古屋）
㉒ 静岡高（静岡）
㉓ 高知高（高知）
⑫ 松山高（松山）
㉗ 浪速高（大阪）
⑲ 大阪高（大阪）
⑤ 五　高（熊本）
㉝ 甲南高（神戸）
⑦ 七　高（鹿児島）
㉔ 姫路高（姫路）

はじめに

旧制高等学校は、わが国高等教育の稀有な成功例であった。

高校生の多くは、三年の放牧期間、思索と経験、恩師・先輩・友人との繋がりを通じて、自己を発見し、高貴なものを見分ける力を養い、人間形成の歩みを進めた。

清潔な不潔さが満ちた寮の共同生活は、友情を育み、卑俗凡庸なものに超然たる精神と勇気を涵養した。朴歯の下駄で地球を蹴り、颯爽とマントを翻して闊歩する彼等が高唱するのは超俗の寮歌であり、その頭を飾るのは破れた制帽であった。

彼等は母校の制帽を離さず、これを飾る白線と帽章こそが彼等の自律と誇りの拠り所となった。帽章に具現された校章は、学校の理念と理想、伝統と美意識が具象化され、これに、自治、尚志、自由、超然、剛毅木訥といった神秘的な護符が染めこまれて、学校精神の根幹を形作っていた。

校章の由縁を尋ねれば、あるいは初代校長の霊感に端を発し、あるいは西欧の神話に遡ってついにその淵源を知らず、あるいは自然の美や古今の箴言が自ずから凝って生まれたものであり、生徒はこれを戴く幸福を感得し、自覚発奮し、これに恥じぬ人格を陶冶せんと務めた。それは応援の旗幟に用いられ、愛校心と共同精神の源泉となった。

これらの意義深く美しき校章の数々は、今や忘れられ、尋ねることも困難である。

しかし、かつて貫録をつけるため故意に汚され、蒼然たる古色を帯びていた帽章もその精神性のゆえに生徒の心の中で燦然たる光を放っていた。旧制高校の息吹に触れた者が世にあり、記録の残る限り、その光芒はついに消えることがないであろう。

（文中、固有名詞的なものなどについては、年配の読者の読み易さ、思い出し易さを考え、なるべく正字、いわゆる旧字体を用いた。）

旧制高校の校章と旗

目次

旧制高校の校章と旗

旧制高校について

旧制高等学校は、通常、高等学校と名のついた三四校のほか、同等の帝国大学入学資格を付与された相等校四校を含めた次の三八校を指す。その内訳は次のとおりである。(註1)

高等學校　三四
官立　二八（うち二校は外地〔臺北、旅順〕、三校は七年制〔東京、富山、臺北〕、一校は公立からの移管〔富山〕）
公立　二（いずれも七年制〔浪速、府立〕）
私立　四（いずれも七年制〔武藏、甲南、成蹊、成城〕）
學習院高等科　一
帝國大學豫科　三（北海道、京城、臺北）

これら三八校の校名、校章などは、【補足資料】「舊制高等學校校章の圖柄と意味」参照。

その時代的区分については、【補足資料】「旧制高校の時代別区分」を、所在地については、「旧制高等学校所在地」（二一頁）を参照のこと。

旧制高校の校章、旗、色、白線

校章

校章は、それぞれ各校の栄光と団結の象徴として、美しさや含意に一方ならぬ配慮が払われ、実に見飽きないものがある。

ただ、校章の図形は、規定や図なども大まかなものが多く、新潟のように作図法まで定めているところは稀である。このため校章を用いた旗や画像などもあまり正確なものとはいいがたい。結局、見る人がその学校の校章と認識できる範囲の図形であればよいということになろう。

校章は、帽章、側章、ボタン、校旗、応援旗、各種の装飾などに用いられているが、その形は様々である。（六高ではデザインの大幅に異なる数種のものがいずれも校章として認められている。）

その中で、最も信頼が置けそうなのは、帽章であろう。（帽章も時代によって変化している二高蜂章のような例もあるが。）

ここでは、帽章を中心として、なるべく正確で美的な校章を作図し、これと合わせて原図の写真や図形を紹介する。

旗

旗には、示威・応援などに用いる一般的な旗、いわゆる「応援旗」と、式典などに用いる儀礼的用途の「校旗」とがある。（幟は、デザインや使用目的が同様なので応援旗にふくめる。）

「応援旗」は、数による高揚感や威圧感を高めるため、同じものを多数用いることが多かった。（幟は、さらにその大きさで効果を高めた。）旧制高校が姿を消して以後も、「応援旗」は多くの複製が作られ、寮歌祭などで用いられている。

これに対し、「校旗」は、母校の栄光と伝統の象徴、一体感と帰属感の拠り所として、より形而上的で神聖なものであり、「聯隊旗」のように一旒限りのものであった。このような性格から、「校旗」は尊崇に値するような美麗、豪華なものでなければならず、通常、金糸または銀糸で刺繍を施し、縁飾がつけられた。

「校旗」は、元来目にすることの少ないものではあったが、あるいは戦災などで失われ、あるいは貴重品として収蔵されて、さらに目にする機会が乏しくなった。探し出すことのできたいくつかを「旧制高校各校の校章と旗」で紹介したい。

色

各校が応援旗などに用いている色については特別の規定はなく、慣習的に定まってきたもののようで、経緯もよく分からない。かなり伝統的なものとしては、一高の白、二高の緑、三高の紅、四高の紅、五高の白、六高の紺、七高の紅、學習院の紺、北大予科の緑などが挙げられる。

「校旗」の色は、応援旗の色とは全く無関係である。一高護國旗の紅（応援旗は白）、二高校旗の紫（緑）、五高校旗の赤紫（白）、新潟高校旗の紅（紺）、姫路高校旗の紅（白）などがその例として挙げられる。（三高校旗の紅、四高校旗の紅などは同系色であるが。）

伝統のある特定の学校を別とすれば、色についてはきわめて許容範囲が広く、同じ学校が旗に異なる色を用いていることも多い。外国の旗や紋章では色が決定的な重要性を持つのに対し、日本の家紋が無彩色の白黒で表されるのと同様、旧制高校の標章についても色はあまり重要性を持たないといえるのではなかろうか。

白線

制帽に巻かれた白線は、帽章と不可分の一体をなしており、旗にも校章とともに描かれることが多い。校章とともに用いられた白線は、旧制高校生の誇りの象徴でもあった。三八校のうち三五校、人数では九六パーセントが二条ないし三条の白線を用いていたという。(註2) 三八校の白線の内訳は次のとおり。

1　なし　　三校　（學習院、武藏、成城）
2　三条　　七校　（三高、五高、山口、佐賀、松江、北大予、台大予）
3　二条　二八校　（その他）

白線は、明治一九年第一高等中學校が本科生二条、予科生一条の白線を定めたことに始まる。明治二一年には予科一条を廃し、全校二条を帯びることになった。生徒の階級を示すために白線を用いるというこの考案は、明治二〇年創立の第四、第五の両校でも採用された。ただし、この両校においては、予科補充生―予科生―本科生という三段構成であったため、白線がそれぞれ、一条―二条―三条となり、本科生は三条の白線を帯びることとなった。

他方、第二、第三はこれと異なり、白線の数は校名によったものらしく、第二は、本校部二条、医学部三条であったが、本校部は校名の「第二」を採って二条とし、また第三は予科、本科の区別がなかったので、校名の「第三」を示すために三条としたらしい。

その後「第四」は、明治二七年「四高」に改称された際、本科のみとなり、四条の白線を用いることとなった。これは大正八年二条に改正されるまで存続した。

したがって、①予科、本科の区別に由来するもの（第一、第四、第五）と、②校名にもとづくもの（第二、第三）との二系統があり、第四は①から②へ変更した時期があるということになる。

予科制度は明治二九年に廃止され、その後設立された六高、七高、八高は補充科、予科には無縁であり、校名に由来する制度は白線が多すぎて採用できず、結局一高の二条が伝承されたらしい。ナンバー校では二条―六校、三条―二校となって二条校が圧倒的多数を占め、これが大正八年以降の新設校の大勢を決定したと思われる。新設の地名校にも三条を用いているものがあるが、その理由、経緯は明らかでない。

高校生にとって白線帽の魅力は特別のものがあった。成蹊では、白線は当初認められず、生徒の不満のたねであったが、二代目土田校長時代にようやく採用された。(註3)

白線を採用しなかった三校中二校（武蔵、成城）でもこれを認めざるを得なかった時期がある。武蔵では、「高等科生徒が他高校同様、帽子に白線をつけたいと言い出し、教授会での結論はつけたいものの自由にさせるということになった」(註4)（旧制高等学校記念館には、当時の白線姿の写真が残っている。）背広、丸帽を使用していた成城で

も「白線運動」が起こされ、戦中から戦後にかけて詰襟、白線帽が多くなり、白線が認められるようになった。(註5)
結局、白線と終始無縁であったのは學習院一校であった。

(註)

1 旧制高等学校と見なされる学校については諸説ある。「旧制高等学校記念館」は官立単科大学予科三校(東京商大、神戸商大、旅順工大)を含め、計四一校としているが、これは極めて例外的である。ここでは、配列を含めて『旧制高等学校全書』(とくに第一巻創設編「旧制高等学校の沿革」)によった。

2 佐竹和世「白線由来記」(『学士会会報』七二一号、七五頁)。なお、白線関係部分の記述はほとんどこれによる。

3 『白線帽の青春　東日本篇』(国書刊行会、一九八八年)二五二頁。

4 高橋佐門『旧制高等学校の教育と学生』(国書刊行会、平成四年)八四頁。

5 前掲『白線帽の青春　東日本篇』二七〇頁、二七六頁。

旧制高校各校の校章と旗

①第一高等學校
②第二高等學校
③第三高等學校
④第四高等學校
⑤第五高等學校
⑥第六高等學校
⑦第七高等學校造士館
⑧第八高等學校
⑨新潟高等學校
⑩松本高等學校
⑪山口高等學校
⑫松山高等學校
⑬水戸高等學校
⑭山形高等學校
⑮佐賀高等學校
⑯弘前高等學校
⑰松江高等學校
⑱東京高等學校
⑲大阪高等學校
⑳浦和高等學校
㉑福岡高等學校
㉒静岡高等學校
㉓高知高等學校
㉔姫路高等學校
㉕廣島高等學校
㉖富山高等學校
㉗浪速高等學校
㉘府立高等學校
㉙臺北高等學校
㉚旅順高等學校
㉛學習院高等科
㉜武藏高等學校
㉝甲南高等學校
㉞成蹊高等學校
㉟成城高等學校
㊱北海道帝國大學豫科
㊲京城帝國大學豫科
㊳臺北帝國大学豫科

① 第一高等學校（一高《いちこう》・東京）

♪「嗚呼玉杯に花うけて」

図１　校章

図２　帽章

図３　帽章（白線付）

図４　第一高等中學校帽章

図５　側章・襟章（一葉九稜）

校章

一高の校章（図１）、いわゆる「柏葉章」は、柏葉と橄欖《カンラン》を組み合わせたもので、帽章（図２、図３）の制式「橄欖三葉ノ上ニ柏三葉ヲ重ネ交叉ス」に依ったものである。柏葉は「軍神マルスの表式」、橄欖は「知識と美術との神ミネルヴァの標章」であり、両者をもって文武兼備の理想を象徴した。（註１）これは一高の前身である「第一高等中學校」帽章（図４）の説明であるが、その後明治二七年、同校が高等学校となるに当たって、中央の「一

図8　バックル

図6　バッジ（一葉七稜）

図9　正門

図7　ボタン

中」の文字が削除され、橄欖の実が加えられて、一高の帽章となった。校章の三枚の柏葉は一葉九稜であるが、例外的に一葉七稜のものがあった。

帽章の他、校章が服装に用いられたものに、側章・襟章（図5）、バッジ（図6、一葉七稜）、ボタン（図7）、バックル（図8）などがある。また、校舎の装飾として、正門（図9）、本館玄関（図10）、本館アーケード（図11）などにも用いられた。

旗

一般的な旗や幟としては、白地に校章と二本の白線を黒く描いた「応援旗」（図12）がもっぱら用いられた。同様なものの例として「一高南洋旅行隊」旗（図13〈昭和五年、旧制高等学校記念館所蔵〉）と対三高戦用「応援幟」（図14）を紹介しておく。

一高校旗「護國旗」（図15）は、「応援旗」

図 10　本館玄関

図 13　一高南洋旅行隊旗

図 11　本館アーケード（護國旗章）

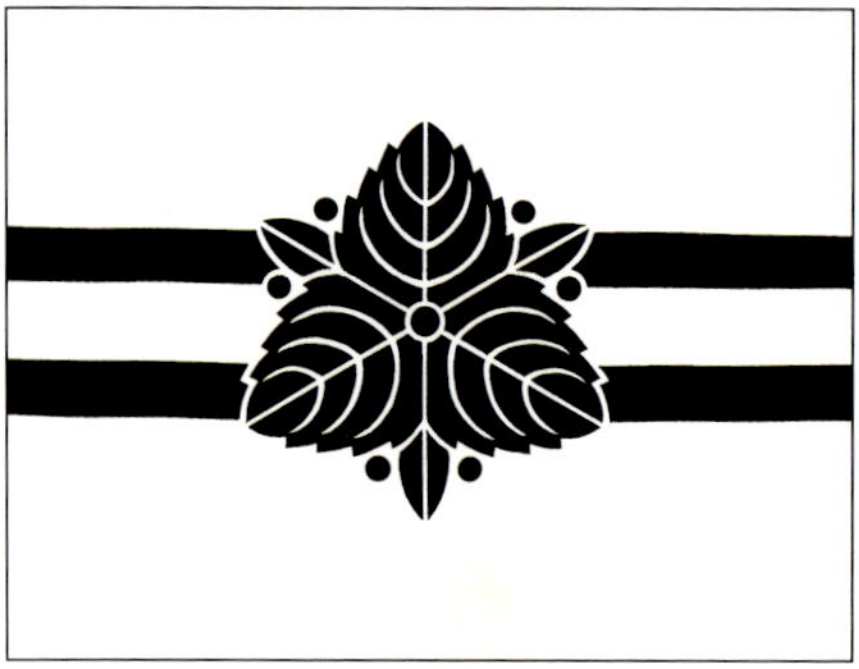

図 12　応援旗

とは大きく異なり、真紅の地に金糸で美しく刺繍された柏葉と橄欖が篆書の「國」の字を囲み、二本の白線が配されている。橄欖の葉は三方各一葉から左右各九葉と大きく増加し、実の数も増え、下部は葉ではなく交叉した枝となっている。

「護國旗」には、明治二二年に制定された「正旗」と、昭和一五年に制定式が挙行された「副旗」（図16）とがある。「正旗」と「副旗」とは、乳《ち》の数（9と7）や実の数などの若干の違いのほか、形状と大きさにかなりの違いがある。「正旗」は縦長、「副旗」は横長であり、大きさも面積比で約5対3の違いがある。竿頭（図17）は三方剣である。

「護國旗」は、明治天皇の「御會釋を賜」わったこともあって極度に神聖視され、昭和一〇年本郷から駒場への学校移転の際も「護國旗の移転こそが一高の正式移

図14　応援幟

図16　校章　校旗「護國旗」（副旗）

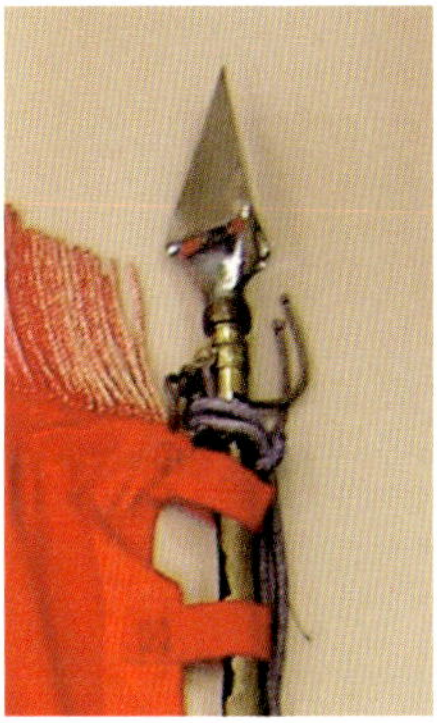

図17　「護國旗」竿頭

図15　校旗「護國旗」（正旗）

転」とされ、武装行進は「護國旗を警護するため」と理由付けられたほどであった。（註2）

（註）

1　第一高等學校『第一高等學校六十年史』（昭和一四年）一一一頁。

2　澄田智「一高時代と昭和史」昭和12年一高会『本郷から駒場へ』（昭和六二年）二二九頁。

② 第二高等學校（二高・仙台）

♪「天《そら》は東北山高く」

図1　校章

図2　帽章（白線付）

図3　第二高等中學校帽章

図4-1　帽章の変遷1
大正期の徽章

図4-2　帽章の変遷2
昭和初期の徽章

校章

二高の校章（図1）は、蜂をかたどったもので「蜂章」と呼ばれ、帽章（図2）などに用いられた。

二高生の蜂章に対する思い入れは深く、会誌『尚志』では蜂章特集号を出し、[註1]その中で蜂章の由来、形状、写真などを紹介しているが、由来については明らかでなく、その形についても時代的変遷があって一様ではないことが分かる。

二高の前身「第二高等中學校[註2]」の帽章（図3）には、蜂の背に「二中」の文字

図5　粟野蜂章

図6　翁蜂章

図7　三神峯校舎蜂章

図8　側章（左右とも）

図4 -3　帽章の変遷3
昭和10年頃の徽章

図4 -4　帽章の変遷4
昭和10年代後期の徽章

図4 -5　帽章の変遷5
昭和20年代の徽章

が入っている。明治二七年、高等学校と改称された際、文字は削除されたが、蜂章は存続した。ただし、蜂章の形には変遷が見て取れる（図4）。

蜂章は、校舎正面にも掲げられた。

二高は、片平丁、北六番丁、三神峯《みかみね》と校舎を移転したが、北六番丁には、昭和一八年、粟野健次郎教授寄贈のいわゆる「粟野蜂章」（図5）が掲げられ、二高生の心の拠り所ともなった。これは惜しくも昭和一九年金属供出の対象となり、同年木彫家翁氏の製作した木製のいわゆる「翁蜂章」（図6）が掲げられたが、翌年空襲で焼失した。昭和二二年、三神峯校舎には二高生高橋浩二の手彫りの蜂章（図7）が掲げられ、これは閉校まで存続した。

側章（図8）は、帽章と大差ないが、制服ボタン（図9）に用いられた蜂は、

図 10　応援旗

図 9　ボタン（上下とも）

図 11　校旗

翅を畳んで丸みを帯び、まったく異なる印象を与える。

旗

一般的な旗（応援旗）としては、白地に黒く図柄を描いたもののほか、スクールカラーともいうべき緑の地に白く蜂章と白線二本を染め抜いたものが用いられた（図10）。これは、寮歌に「高舞ふ緑旆青雲遠く……」とあるように、幟にも用いられて士気を鼓舞した。

校旗（図11）は、明治三八年に寄進され、「白線二条の紫紺の絹地に蜂章を金糸にて刺繍す。真紅の総三辺を囲む」と説明されている。校旗の柄には、伊達公の種田流槍術指南栗原家伝来の真槍が寄贈されたという（註3）（図12）。

紫紺の色は、校旗のみにしか見られなかったが、平成一八年、一二〇周年記念

図13　創立120周年記念蜂章旗

図12　校旗の柄

祭に際し、校旗を模した色の蜂章旗が製作されたのでここで紹介しておく（図13）。

（註）

1 第二高等学校尚志同窓会『尚志会報第七十三号、百十五周年記念　蜂章特集号、蜂――思い千里の…』（平成一三年九月）。

2 旧制高校中もっとも古い第一～第五の五校は、他と設置経緯を異にし、当初、明治一九年と二〇年に、高等中学校として設立された。全国は五区域（第一…関東・東海、第二…東北、第三…近畿・中部・中国・四国、第四…北陸、第五…九州（地域区分については現在とは若干食い違いがある））に分けられ、それぞれ、東京、仙台、大阪（後に京都）、金沢、熊本に高等中学校が置かれた。これらはすべて明治二七年に高等学校となった。したがって各校の番号は設置順ではなく設置地域を示しており、この点で当初から高等学校として発足した六高（明治三三年）以下とは異なる。なお、この学区制は明治二九年に廃止された。

3 第二高等学校尚志同窓会『第二高等学校歌集』（平成一三年）。

③ 第三高等學校（三高・京都）

♪「紅もゆる丘の花」

図1　校章

図2　帽章（白線付）

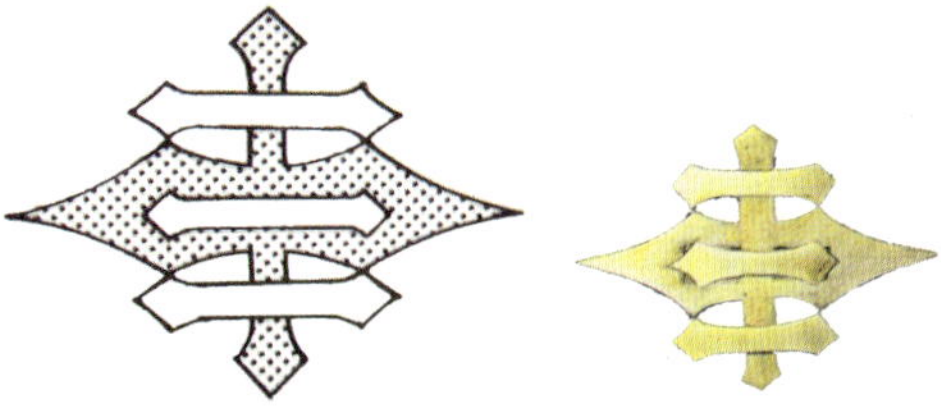
図3　第三高等中學校帽章

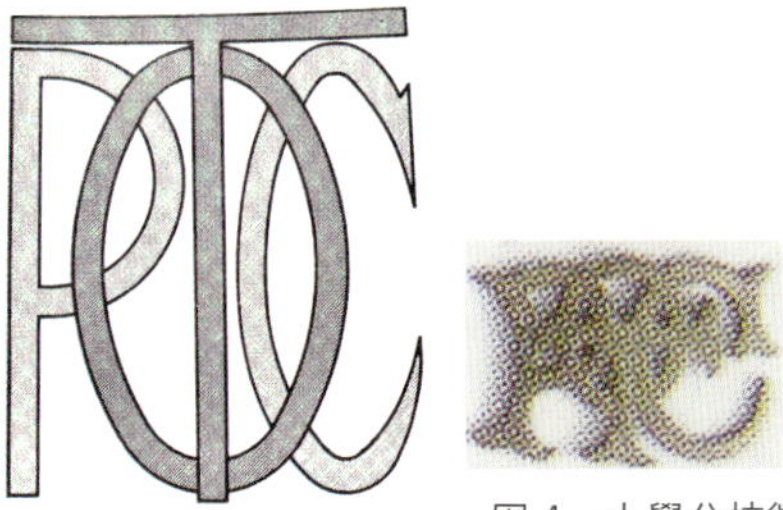

図4　大學分校徽章

校章

三高の校章（図1）と帽章（図2）は、桜の中心に「三」を配したものである。これは図画教師守住勇魚《いさな》が、明治二一年に作成した「中」に「三」を配した三高の前身「第三高等中學校」の帽章（図3）を、明治二七年、高等学校と改称された際、守住が新たに作り直したものである。

三高は、明治二年、理化学校として大坂（大阪）に創設された「舎密局《せいみきょく》」を濫觴とし、旧制高校中最古の歴史を誇る。

図5　第三高等中學校帽章（大阪時代）

図6　側章

図8　バックル

図7　ボタン

その後「洋學校」と統合されて「開成所」となり（明治三年）、「第四大學區第壹番中學」（明治五年）、「開明學校」（明治六年）、「大坂外國語學校」（明治七年）、「大坂英語學校」（同年）、「大坂専門學校」（明治一二年）、「大坂中學校」（明治一三年）、「大學分校」（明治一八年）、「第三高等中學校」（明治一九年）とたびたび改称され、明治二二年に京都に移転し、明治二七年「第三高等學校」となった。

帽章も変化し、もっとも古いものは大學分校時代の「PTOC（Preparatory to College）の横文字（図4）が、次いで第三高等中學校の大阪時代（明治一九〜二一年）には、「高」一字のもの（図5）が用いられ、これが図3の帽章となって京都時代に入る。[註1]

三高校章の用いられた側章（図6）、ボタン（図7）、バックル（図8）を紹介する。

旗

三高の応援旗（図9）や幟は、平家の赤旗を模したといわれるもので、一高（源氏）の白旗に対抗し、一高三

図11　校旗

上：図９　応援旗　下：図10　陸上部部旗

高戦は源平合戦とも称された。当初は赤の一色だったが、大正一二年、左翼運動を警戒する当局によって赤旗を掲げる街頭行進が禁止されたため、赤旗と区別できる標識を取りつけることとなり、三本の白線（と桜章）を縫いつけることとしたものである。(註2)三高の旗幟には、赤地に三本の白線のみを入れ、桜章を略したものが多いが、これはこの経緯を示すものかもしれない（一高の旗幟で柏葉章を略したものは皆無といってよい）。代表的なものとして歴戦の栄光を偲ばせる陸上部部旗を紹介する（図10）。

校旗（図11、図12）は、校章と少し異なった形の桜章を中心に、上下左右十方向に各三本、計三〇本の白線が放射状に伸びている。これは、明治二七年、やはり守住の考案製作にかかるものであり、説明には次のように記されている。

「昭和二五年三月の解散に至るまで、式日には新徳館に、紀年祭にはグラウンドに、時には御親閲用にと、五十年余りをともにした栄光の旗である」(註3)。

また、三高資料室（京都大学構内）には「三中校章

図 13　三中校章入り優勝旗

図 12　校旗

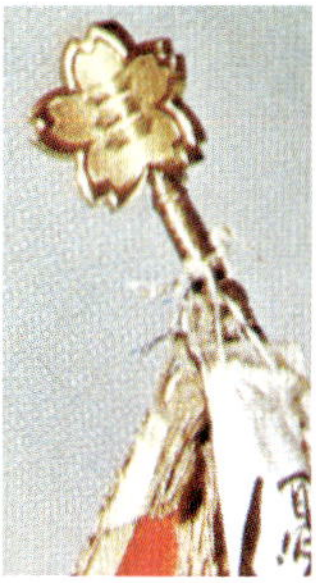

右：図 14　校旗竿頭
左：図 15　優勝旗竿頭

入り優勝旗（図13）が展示されており、次のような説明が添えられている。

「明治22（一八八九）年8月大阪から京都へ移された第三高等中学校の校内陸上運動会の優勝旗として明治26（一八九三）年に製作、授与され、翌明治27（一八九四）年9月第三高等学校と改称後も引き続き使われた。布地は広幅の紫色塩瀬（絹地）で「三中」校章を月桂冠で囲んで染め抜いてあり、周りに手の込んだ房が縫い付けてある。また、優勝年度、部科名を大正4（一九一五）年まで両面交互に金糸で刺繍して、裏表をなくしてある。……」

このほかに各種運動会の優勝旗（明治二八年の水上部「衝濤旗」等）があるが、その竿頭は三方正面の校章である（図15）。

（註）

1　三高同窓会『神陵史』（昭和五五年）および講談社『寫眞図説　第三高等学校八十年史　紅萌ゆる丘の花』（一九七三年）。

2　服部喜久雄『一高三高野球戦史』（昭和二九年）三四五―三四七頁。

3　三高自昭会『自由の鐘』（神陵文庫別冊　三高記念室展示図録。平成一七年）八九頁。

④第四高等學校（四高《しこう》・金沢）

♪「北の都に秋たけて」

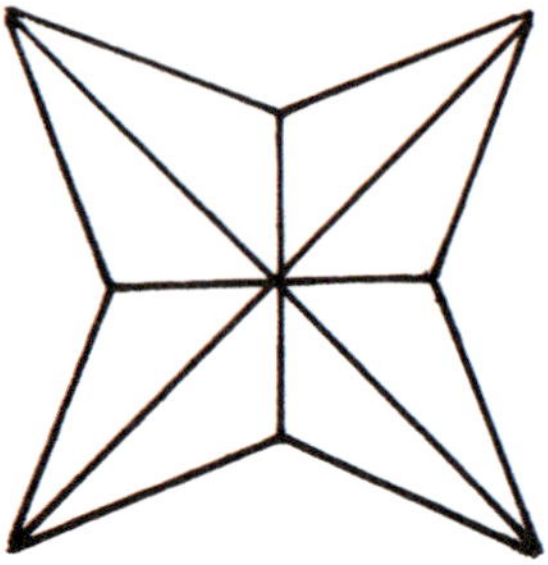
図1　校章A

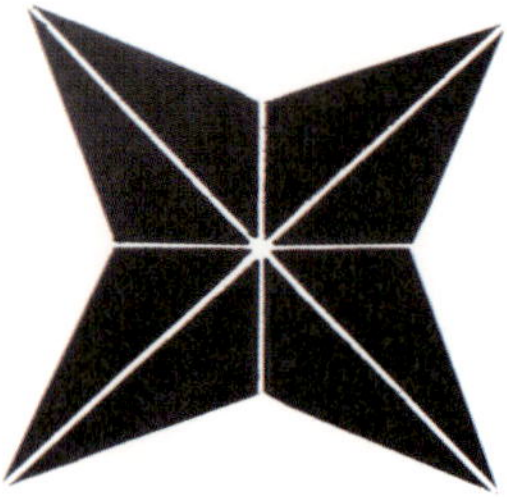
図2　校章B

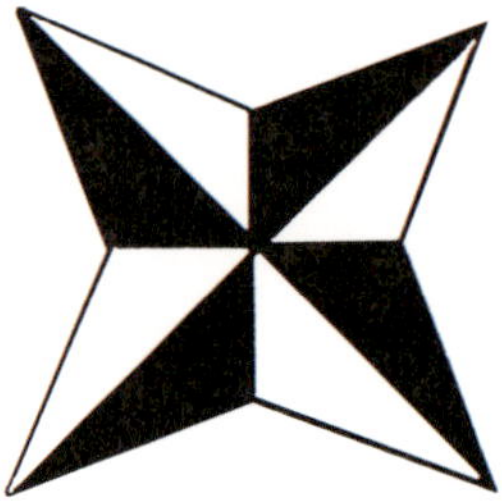
図3　校章C

図4　帽章（白線付）

図5　白線四本の制帽

校章

四高の校章は北極星（北辰）を四稜星に象ったもので「星章」、「北辰章」、「北辰星章」などと呼ばれた。校章には、立体的な星を平面に展開したもの（図1、図2）と、立体感を表すために影をつけたもの（図3）とがある。その理由はきわめて立体的な帽章（図4）を見ると明らかであろう。

　四高の前身、第四高等中學校時代の帽章は、明治二〇年の創立当初「銀色の篆字『高』の徽章であった」が「明治二五

図６　側章

図７　ボタン

上：図８　応援旗Ａ
下：図９　応援旗Ｂ

年…金色四稜の星を用いた」。この四稜は、「四高であるから四稜としたまでゞある。」とある。この「高」の徽章がどういうものであったかは分らない。そして明治二九年制服改正の際、帽章はこの金色四稜星に改められ、「本校の表章として公定せられた」[註1]という。

高等中學校時代は、本科、予科、補充化が置かれたが、明治二六年補充化は廃止され、その後高等学校に改められて本科、予科の別もなくなった。制帽の白線は、補充科一条、予科二条、本科三条であったが、本科、予科は一本化されてすべて四条となった（図5）。白線四条の時代は長く二六年間続いたが、大正八年、二条に改められた。[註2]この後、高等学校の白線は二条か三条に限られることとなった。

星章の用いられた側章（図6）、ボタン（図7）を紹介する。

図12　校旗（親閲拝受章付）

図10　応援旗、幔幕

図13　校旗竿頭

図11　校旗

旗

四高の一般的な旗（応援旗）は、赤地に白く校章と白線を染め抜いたもので、校章と同じく二種類のバリエーションが見られる（図8、図9）、この旗は「辰章旗」とも呼ばれ、「辰章旗」と題する寮歌もある。

このほか、幔幕などに白地に黒く校章と白線を染め抜いたものがある（図10）。

校旗（図11、図12）は、赤地の中心に金糸刺繍の北辰章を置き、四本の白線が左右にのびたものである。白線四本の校旗は他に見られない。

竿頭（旗冠）は、四稜星を立体的に組み合わせたきわめて珍しい形をしている（図13）。

（註）

1　第四高等學校時習寮『第四高等學校時習寮史』（昭和二十三年）三―四頁。

2　「第四高等学校年表」『写真集　旧制四高青春譜』三四七頁。

⑤ 第五高等學校（五高・熊本）

♪「武夫原頭《ぶふげんとう》に草萌えて」

図1　校章

図2　帽章（白線付）

図5　側章

校章

五高の校章（図1）は、楷書の文字「五髙」を丸で囲み、さらにその外側を各三枚の柏と橄欖の葉で囲んだものであって、帽章（図2）をみると、第一高等中學校（一中）の柏葉橄欖の帽章（前出）に酷似していることが分かる。これは明治二〇年、第五高等中學校（五中）に着任した初代校長野村彦四郎が、それまで校長であった一中（一高）に範を取って「柏葉と橄欖葉とを組み合わせることは、殆ど先決的のもの」であったことに

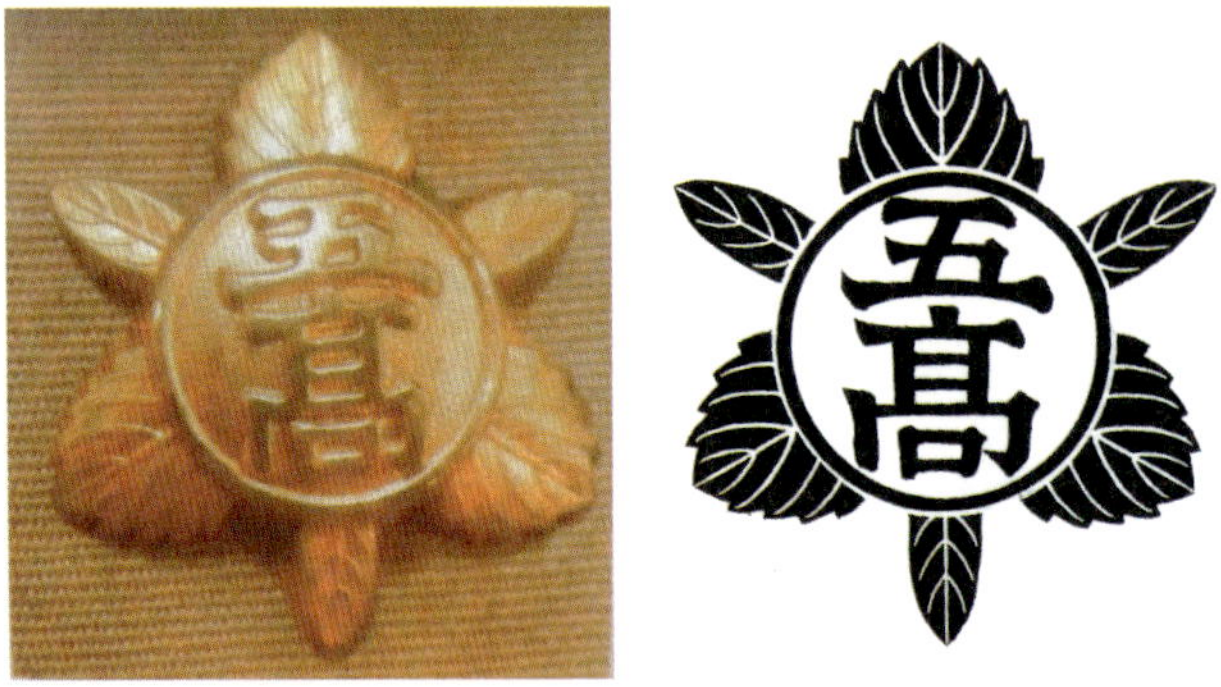

図3　五高校章（一部地抜）

図4　一中校章（一部地抜）

よるといわれる。(註1)したがってこの柏葉・橄欖は、一中と同じくマルスとミネルヴァ、すなわち武と文を示すものであるが、文字が削除された一高と異なり、中央の「丸に五高」の単なる修飾とみられたものか、その意味はあまり顧みられず、大正三年に一高に改めて由来を照会し、一高からこうした説明と「……要スルニ文武ヲ象レルモノ」との回答を得ている。(註2)

明治二七年、高等中学校が高等学校に改称された際、一高は文字を削除して橄欖の実を加えるという改変を行ったのに対し、五高はこのような変更を行わなかったため、当の一高より一中校章に近いものとなったわけである。五高と一中の校章を陰刻で比較するとその類似がよく分かるであろう（図3、図4）。

高等中学校時代は、本科、予科、補充科が置かれたが、明治二六年予科補充生の入学は停止され、明治二九年、予科も全廃されて、

図6　ボタン（上下とも）

左上：図7　応援旗A
左下：図8　応援旗B

本科のみとなった。[註3] 制帽の白線は、補充科一条、予科二条、本科三条であったが、これ以後すべて三条となった。

旗

応援旗は、白地に校章と三本の線を黒く染め抜いたものが一般的である。柏葉と橄欖の部分は輪郭のみを描いたもの（図7）が多いが、白黒を反転した「地抜」のもの（図8、図9）も用いられた。図10は応援幟。

校旗は、やや赤みがかった紫の地に金糸で校章を刺繍したもので、白線はない（図11）。竿頭は、「五高」の字を丸で囲んだ三方正面のものである（図12）。

校旗が制定されたのは、昭和六年と新しく、この年、天皇行幸があったためと思われる。行幸の際、職員生徒がこの新しい校旗を掲げて整列した写真が残っている。[註4]

図 9　応援旗 C

図 10　応援幟

図 12　校旗竿頭

図 11　校旗

（註）

1 第五高等學校『五高五十年史』（昭和一四年）四五四―四五五頁。

2 前掲。

3 旧制高等学校資料保存会『資料集成 旧制高等学校資料全書 第一巻創設篇』（一九八五年）一二一―一二二頁。

4 五高同窓会『龍南の青春譜 写真集 五高一〇〇年』（昭和六二年）七六頁。

⑥ 第六高等學校（六高・岡山）

♪「新潮走る紅の」

図1　校章A

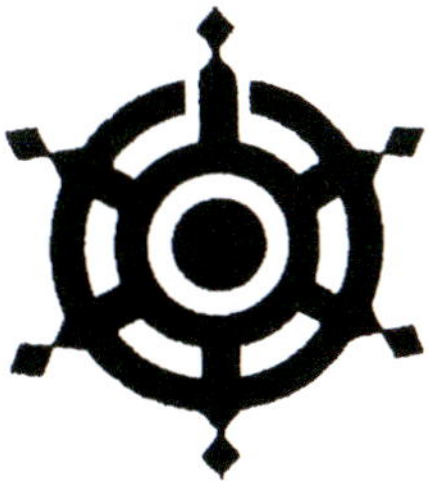

図2　校章B

図3　校章C

図4　校章D

図5　校章E

図6　校章F

図7　帽章

校章

明治三三年、初めて最初から高等学校として創立された六高は、校章について極めて大らかであり、形も解釈もさまざまである。

校章は、中央の小さい丸を二重の円が囲み、内側の円から先端の尖った六本の線が放射状に延び、上を向く一本だけが外側の円を割っている。中央の丸の大きさ、二重円の太さ、稜角をもった六本の線（六稜）の形などは実にさまざまで、印象も大きく異なる。「図1（校章A）

図8　ボタン

図9　バッジ

図10　ループタイ

図11　応援旗

図13　応援旗

から図6（校章F）」までを見るとその多様さが分かるであろう。ここでは帽章（図7）に最も近いAを図1に置いておく。

　六本の線も、直線的で、先端に鏃がついた矢の形で、鏃の下がくびれているもの（A、B）、くびれのないもの（C、D、これにも太目〔C〕と細身〔D〕とがある）、曲線的で、先に行くほど太くなった剣の形をしているもの（E、F）などの違いが認められる。

　その含意については、（1）「大日本六高」の文字を取り入れたもの、（2）「蛍の光と窓の雪＝蛍雪の功」（中央の丸が光を放つ蛍の尻を、周囲の六角形が雪の結晶を表す）、（3）「六個のペンを組み合わせたもの」といったもののほか、「真意は見る人の心ごころ」とか「無意味の価値を尊し」とする人もあり、「諸説さまざま[註1]」とされ、結局のところ「六稜」が六高の六を表すという程度の推測をするしかないようである。

　ボタン（図8）は、「剣形」で、帽章と異なる。

図12　応援旗

図14　校旗

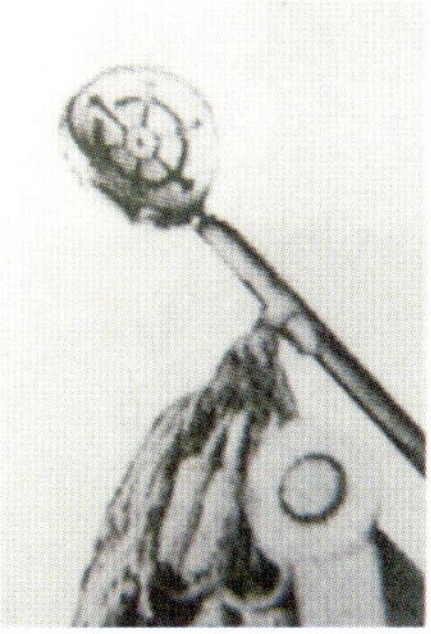
図15　校旗竿頭

図16　對寮マッチ優勝旗

新たに作られた記念品の側章型バッジ（図9）は細身の矢型、ループタイ（図10）は太目の矢型が用いられている。

旗

一般的な旗（応援旗）には、紺地白染め抜きのもの（図11、図12）と白地の旗（図13）とがある。旗も校章と同じくさまざまな図柄が用いられた。

校旗は現存せず、親閲拝受章をつけた白黒写真を紹介しておく[註2]（図14）。校旗の校章は剣形（F）であるが、竿頭は細身の矢型（D）が用いられている（図15）。

寮の対抗試合に授与された「對寮マッチ優勝旗」も剣型で、「友と争はむが爲に非ず 友を理解し友を愛せむが爲に此の旗は成りしものと知れ　大正三年……」と書かれた説明がついている[註3]（図16）。

（註）

1 山岡望「六高の校章」『六稜史筆』（昭和五〇年）。
2 『第六高等学校同窓会報』第八号（二〇〇九年八月）一〇四頁。
3 『第六高等学校同窓会報』第十一号（二〇一二年八月）表紙。

図1　校章

⑦ 第七高等學校造士館（七高《しちこう》造士館・鹿児島）

♪「北辰斜めにさすところ」

図3　帽章（白線付）

図2　帽章

図4　側章

図5　ボタン

図6　ボタン

校章

明治三四年発足した七高造士館は、安永二年（一七七三年）に創設された薩摩藩黌造士館の伝統を引き継ぎ、廃校、県立の時代を経て明治二〇年官立の鹿児島高等中學造士館となり、鹿児島の旧城址鶴丸城の跡地に校舎を設けた。（この由緒ある「造士館」の名は、昭和二一年削除され、単に第七高等學校となった。）

校章は、鶴丸城に因んで、翼を広げた鶴に、ゴシック文字で「七高」の二字を配したもの（図1）で、帽章（図2、図3）、

図8　応援旗

図7　応援旗

図9　応援旗

図10　応援幟

側章（図4）も同様である。鶴の羽毛が複雑なため様様なデザインがあるが、ここでは最も正確と思われる『七高思出集』[註1]と『七高造士館開校百年記念誌』のものに帽章を参考として若干加筆したものを紹介しておく。

制服のボタンは、篆書の「造」一字を刻んだもの（図5）であったが「造」字のない新しいボタンに替わっていった（図6）。これは昭和二一年「造士館」を削除したことに起因すると推測されている。[註2]

旗

一般的な旗（応援旗）や幟は、真紅の地に

図 11　校旗

図 13　Z マーク

図 12　校旗絵葉書

図 14　Z マーク

校章と白線二本を染め抜いたもので、好敵手五高の白地に黒線三本の旗と好対照をなした（図7、図8、図9、図10）。

校旗は失われ、白黒の写真（図11）しかないが、記念絵葉書[註3]（図12）、でその片鱗を偲ぶことができる。

対校競技などでは「7」を上下逆に組み合わせてZ字形にし、「7HL」または「7th HIGHER SCHOOL」とよめるいわゆる「Zマーク」（Zoshikan Mark の意か？）（図13）を胸章とし、これを用いた応援旗（図14）もあったようである。

（註）

1 第七高等学校造士館同窓会『七高思出集』（前・後篇、昭和三八年）。

2 山口宗之「七高生服装史小考」『第七高等学校造士館開校百年記念誌』（平成一一年）一七七頁。

3 「第七高等学校造士館開校十周年記念絵葉書」『旧制高等学校記念館 記念館だより』第五四号（平成二三年七月）一頁。

⑧ 第八高等學校（八高《はちこう》・名古屋）

♪「伊吹おろしの雪消えて」

図1　校章

図2　帽章

図3　第二校章

図4　ボタン

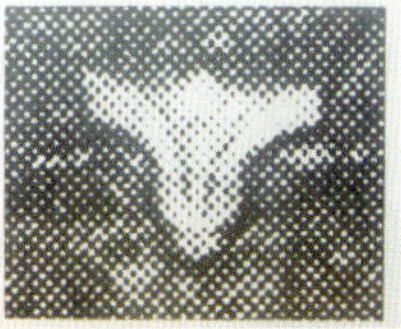

図5　側章

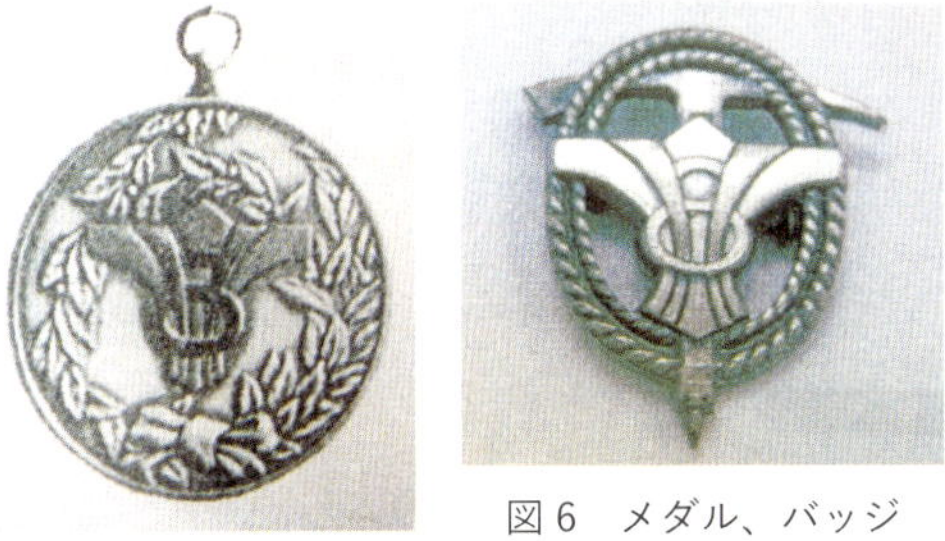

図6　メダル、バッジ

校章

明治四一年創立の八高には、第一校章と第二校章とがある。いずれも創立の際懸賞募集され、第一は京都高等工藝學校の、第二は名古屋高等工業學校生徒の作が採用された。

第一校章（図1）は、八高が所在する鎮守総社 熱田神宮に祀られる草薙の剣に因み、剣五本と数字の「8」を組み合わせ、正義の八高、すなわち正義の利剣をもって社会の障碍をなぎ倒してゆく八高生の意気を示したものである。「剣光

図６　メダル、バッジ

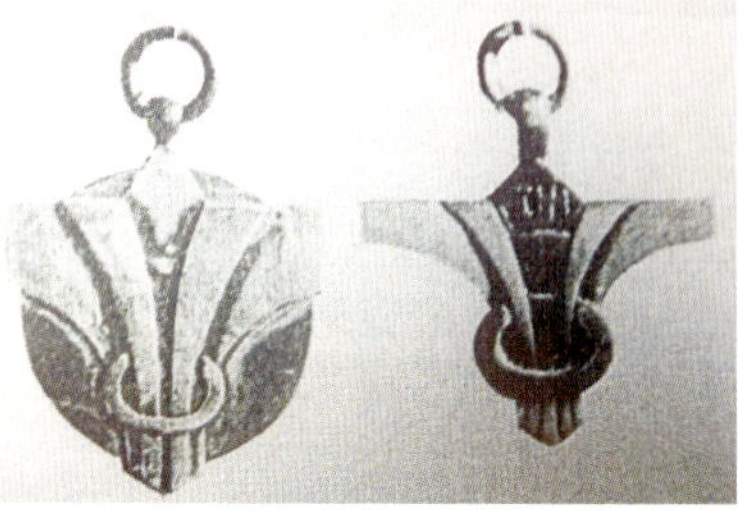

図６　メダル、バッジ

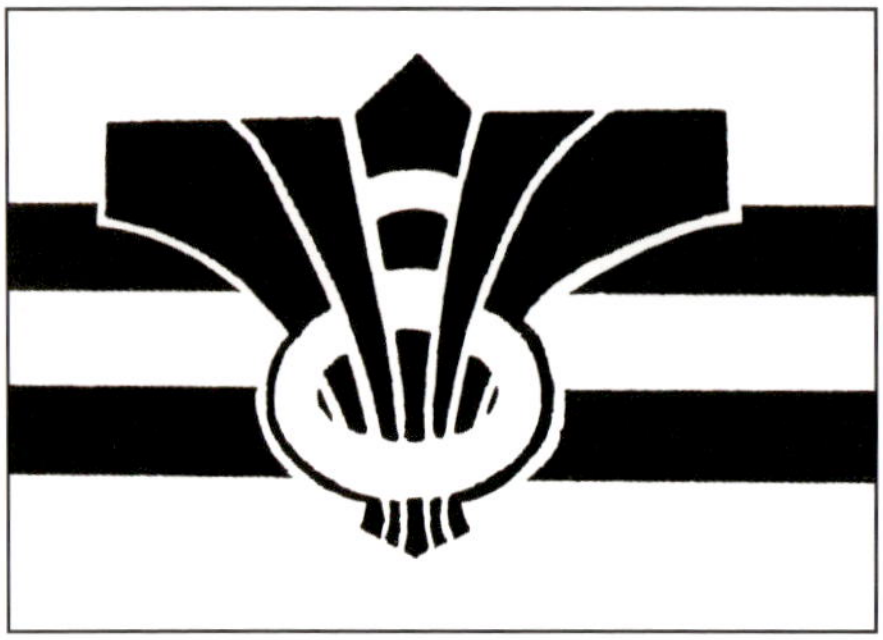

図８　応援旗

図７　応援旗

章」と呼ばれ、校旗、帽章（図2）、メダルに用いられた（註）。

第二校章（図3）は、勾玉を八の字形にし、「高」の字を上にのせ、丸く取り囲んだもので、制服のボタン（図4）、紋章その他の記号に用いられた（註）。

第一校章の側章（図5）とメダル、バッジ類（図6）を示しておく。

丸型の第二校章は、ボタンのほか羽織の紋などに用いられたと思われるが、黒ボタンで形が見えにくいこともあって、現在ではあまり記憶されていないようである。

旗

一般的な旗（応援旗）としては、白地に黒く第一校章と二本の白線（黒線）を染め抜いたものが使われた（図7、図8）が、例外的に色地白抜の旗もあった（図9、図10）。

校旗は失われたが、写真から校章のみで白線はないことが分かる。

図 9　応援旗

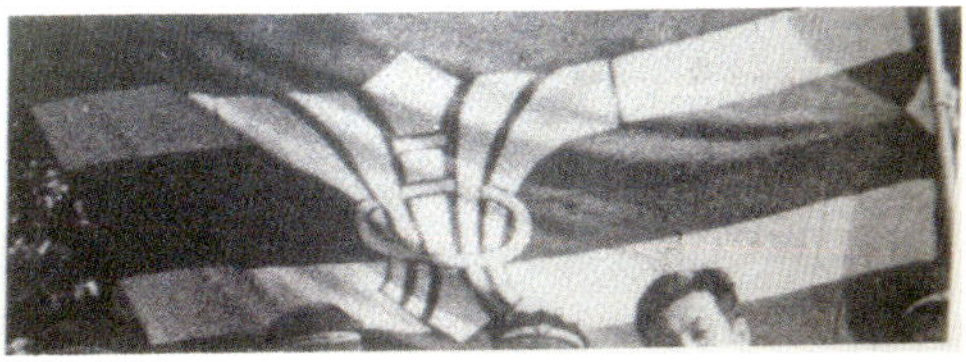

図 10　応援旗

図 12　寮旗

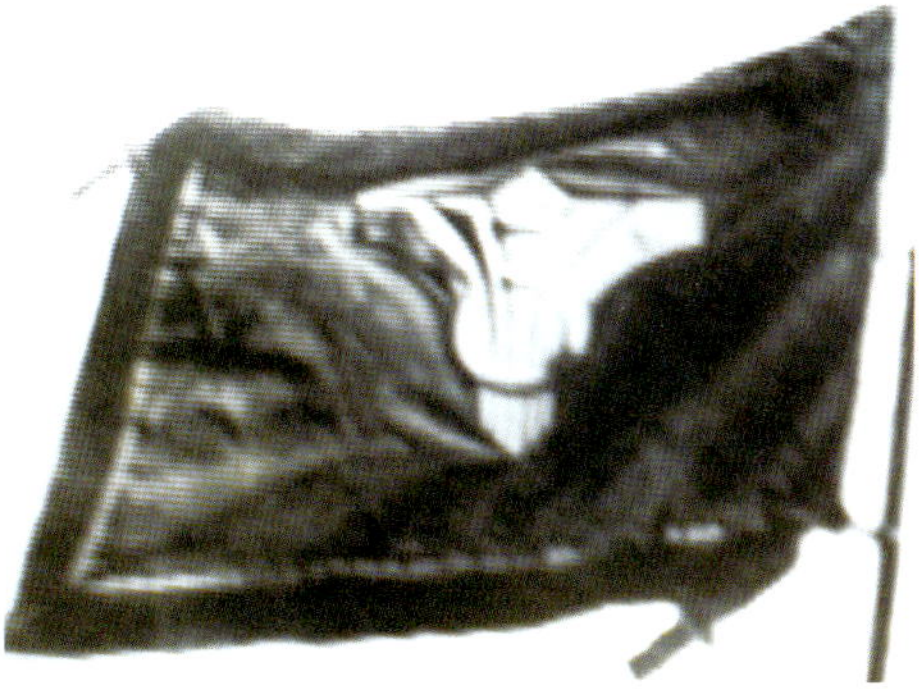

図 11　校旗

図13　寮旗

寮旗（図12、図13）には白線がある。

（註）財界評論新社『伊吹おろしの雪消えて――第八高等学校史』（昭和四八年）四三頁。

⑨

新潟高等學校

（新高《にいこう》）

♪「生誕こゝに一年と」

図1　校章A

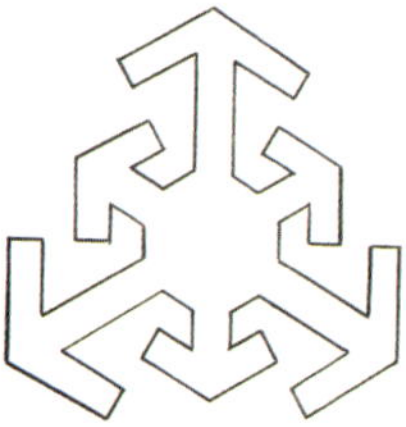

図2　校章B

図3　帽章（白線付）

図4　側章

図5　ボタン

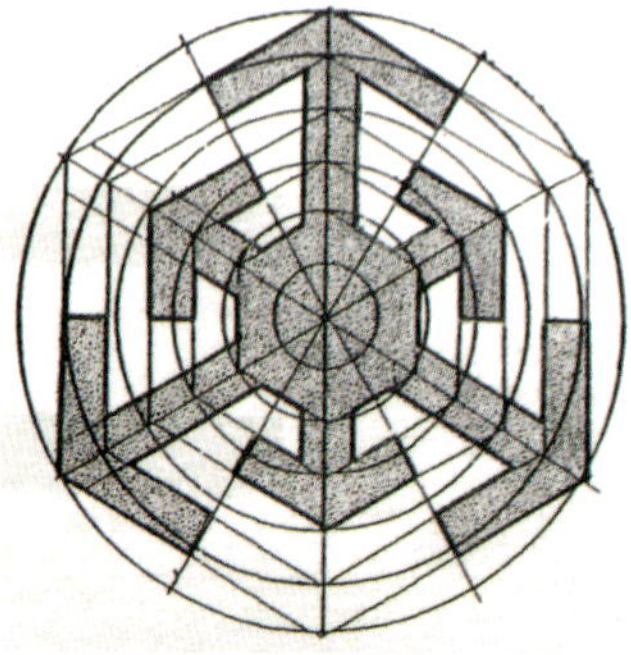

図6　校章作図法

校章

大正八年、新潟高等學校は、松本、山口、松山の各校とともに、第九番目の官立高等学校、最初の「地名校」、「ネームスクール」として発足した。

校章は、新潟を表す雪の結晶を六本の放射線でかたどったもの（図1、図2）で、帽章（図3）も銀色という珍しい色を用い、「六花白銀章」、「銀章」と呼ばれた。側章（図4）も同じである。

ボタン（図5）は、黒練であった。

この校章は、八田三喜初代校長が定

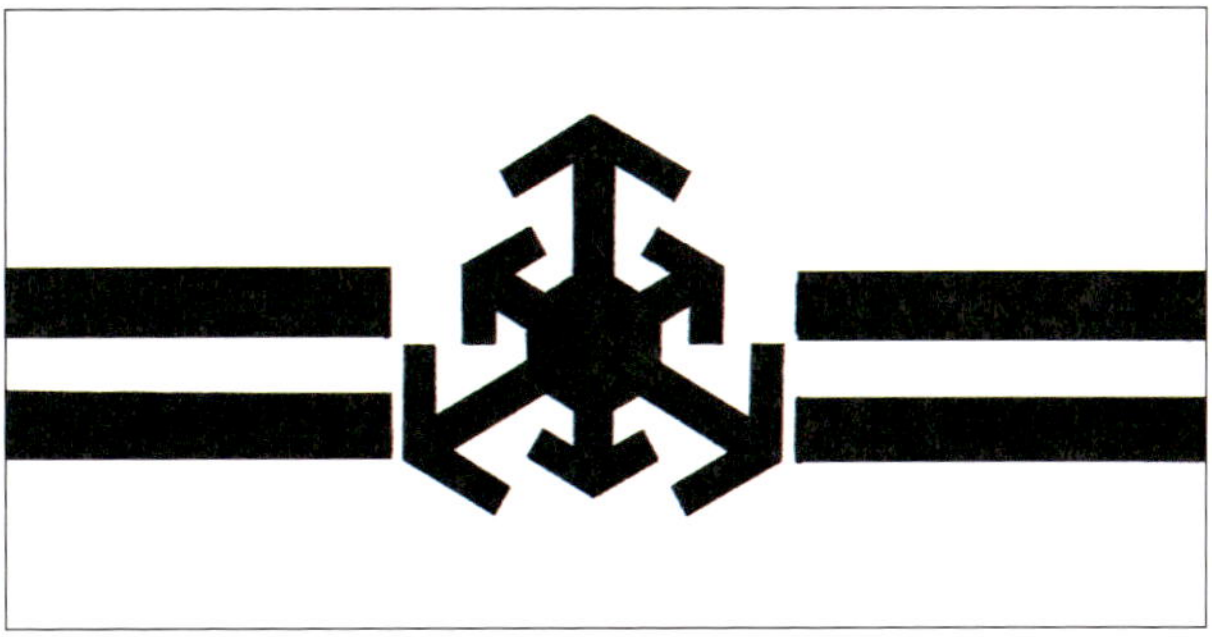

図7　応援旗

図8　応援旗

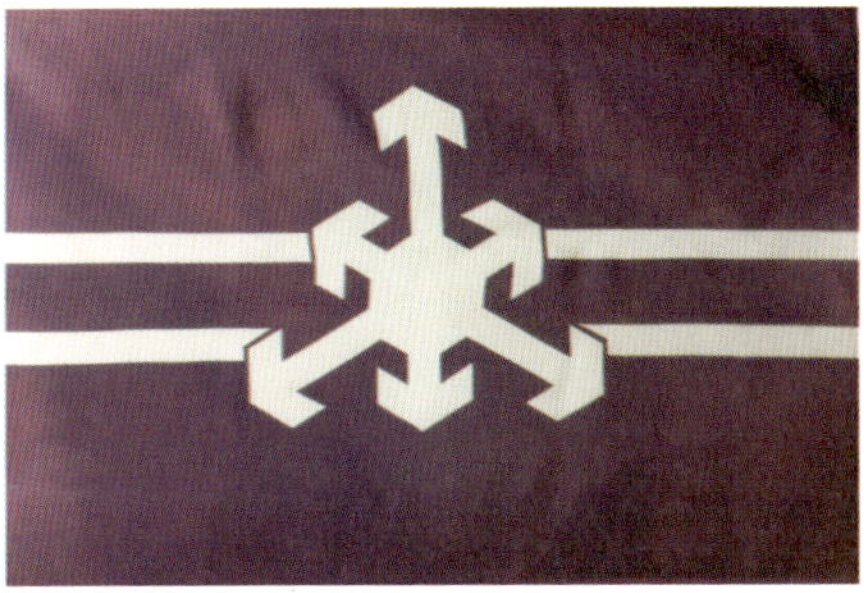

図9　応援旗

規とコンパスでデザインしたものであり、その作図法も紹介されている（註）（図6）。

旗

一般的な旗（応援旗）は、白地に黒く校章と白線（黒線）を描いたもの（図7）のほか、濃紺の地に校章を白く染め抜いたもの（図8、図9）があり、これは幔幕などにも用いられた（図10［六花寮寮生規約宣誓式］）。

校旗（図11、図12）は、応援旗の濃紺とは対照的な真紅の地に銀糸で校章を刺繍し、金色の総を付けたもので、白線はない。

（註）
遠藤徳貞「新潟高等学校沿革」『白線帽の青春 東日本篇』（国書刊行会、一九八八年）七八頁。

図10　幔幕「六花寮寮生規約宣誓式」

図11　校旗

図12　校旗

⑩ 松本高等學校（松高）

♪「春寂寥の洛陽に」

図1　校章

図2　帽章（白線付）

図3　ボタン

図4　応援旗

校章

松高（松本高）の校章は、中央に「高」一字を置いた旭日に、松本を表す松の小枝と葉を組み合わせたもので、旭日は、第九高等学校の「九」を表す九本の放射線で囲まれている（図1）。（ただし、文部省の序列では、第九番目の官立高等学校は新潟高とされた。）帽章も同じである。

当初この校章は、デザインの旭日が車輪に似ており、鉄道員の徽章のようだということで評判が悪く、大正一〇年、徽章事件というデモ騒動が起きている。（註1）

図7　幟

図5　応援旗

図6　幟「思誠寮入寮式」

ボタン（図3）は、中央の旭日だけで、松の部分は省略されている。

旗

応援旗や幟には、白地に黒く校章と白線（黒線）を描いたもの（図4）のほかに、青地に白く同じ図柄を入れたものが用いられた（図5、図6〔思誠寮入寮式〕、図7）。

校旗（図8）は、緋の地色に金糸で校章を刺繍し、二本の白線を配している。この図柄は、第五代西川順之校長の意向によるもので、昭和一二年同窓会から献納された。（註2）

竿頭（図9）は、三方正面の校章（松の部分が入ったもの）が用いられている。

（註）

1「徽章事件」については、松本高等学校同

図８　校旗

図９　校旗竿頭

窓会『われらの青春ここにありき』（昭和五三年）の「座談会　徽章騒動回顧」や金井太郎「徽章改正デモ」に詳しい。

2　小林夏雄「校旗献納」、前掲書、二三一頁。

⑪ 山口高等學校（山高）

♪「柳櫻をこきまぜて」

図1　校章

図2　帽章（白線付）

図3　ボタン

図4　バックル

図5　校章装飾

図6　校舎平面図校章

校章

山口高等學校には、「旧山高」と、その廃校後に再興された「山高」とがある。

明治三年、藩黌萩明倫館の姉妹校山口明倫館が山口中學校と改称され、明治一九年その高等科が山口高等中學校となった。これは、明治二七年、山口高等學校（亀山校）となったが、種々の理由から明治三八年「山口高等商業學校」となり、同校は廃校となった。これが「旧山

図 8　旧山高帽章

図 7　手拭

図 10　応援旗

図 9　応援旗

高」と呼ばれるものである。しかし、一五年後の大正八年、改めて官立の山口高等學校（糸米校）が鴻峯山麓（鴻南）に再興された。これが「山高」である。

山高の校章（図1）は、山口中學校教諭佐治友八が東京美術學校生徒の作品に改良を加えたデザインで、三枚の柏葉と鍬形風の「山」が「高」の字を囲み、新月に似た鍬形の形が武士道精神と発展を、柏葉が「堅実」を表し、全体として「堅実不屈」「進取独立」「久遠」を表すとされる。（註1）

帽章（図2）は校章と同じであるが、ボタンは（図3）はデフォルメした「高」一字で、上部（なべぶた）が「山」型となっており、中央と下部の「口」と合わせて「山口」と読める工夫が施されている。バックル

図 12　応援幟

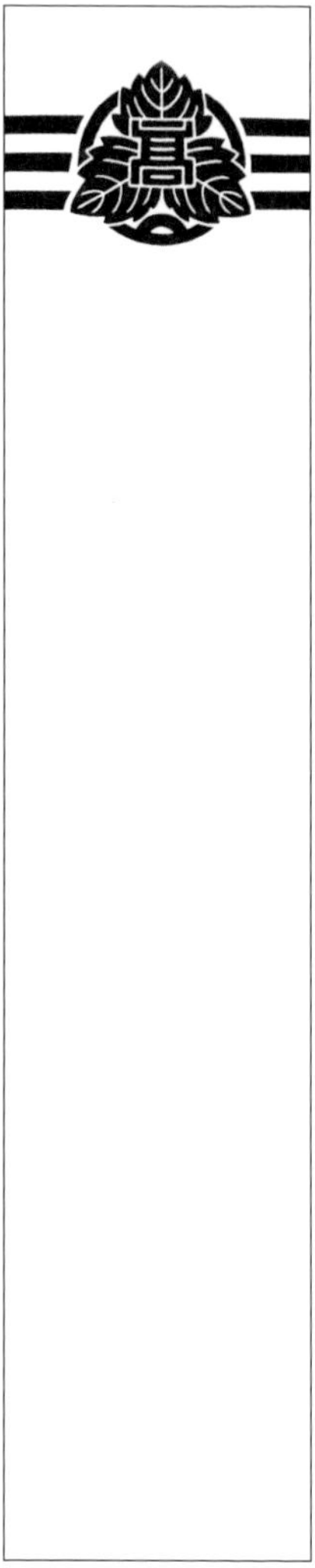

図 11　応援幟

（図4）、校章装飾（図5）、校舎平面図の校章（図6）、手拭（図7）を紹介しておく。

旧山高の帽章（図8）は、「山高」の二字のみであった。（註2）

旗

応援旗（図9、図10）や幟（図11、図12）は、白地に三本の白線（黒線）を描いたものである。

校旗（ないし校旗型の旗）は複数あり、濃紫または濃紺の地で、いずれも中央に校章が描かれており、白線はない。柏葉がベージュ（葉脈は地色）で「高」字と鍬形が金糸刺繍のもの（図13）、柏葉が淡青で葉脈と縁が白く縫い取られ、字と鍬形が黄色のもの（図14、図16）、柏葉が淡青（葉脈は地色）で字と鍬形が金糸刺繍のもの（図

図 13　校旗

図 14　校旗

図 15　校旗

図 16　校旗

15）がある。総は地と同色であるが総との境に金線のあるもの（図15）とないもの（図16）とがある。異なる校旗が作られた経緯はよく分からない。

（註）

1　山口大学『創基２００周年　山口大学の来た道　３「山口高等学校から専門学校誕生まで」』（二〇一四年）二四頁。

2　山口大学『創基２００周年　山口大学の来た道　２「山口中学校から県内初の高校創立へ」』（二〇一四年）二四頁。

⑫ 松山高等學校（松高）

♪「曉雲こむる東明の」

図1　校章

図2　帽章（白線付）

図3　側章

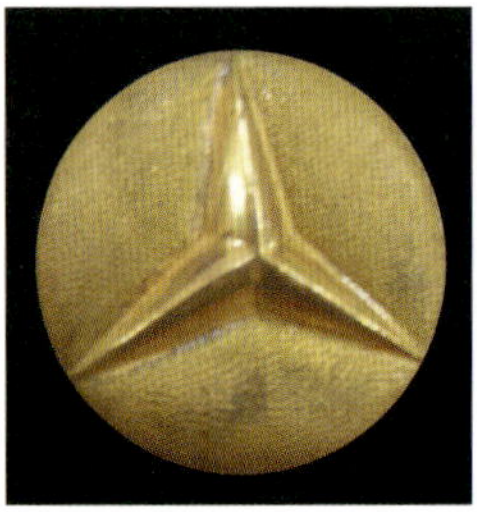

図4　ボタン

校章

松高（松山高）の校章（図1）は、校風「真善美」を象徴する三光の中央に桜花を配し、その上に「高」の一字を置いたものである。

松高は、三高から赴任した由比質《ただす》初代校長の影響もあって、三高と類似した点が認められる。赤のスクールカラーも三高と同じである。

帽章（図2）、側章（図3）は、校章と同じであるが、ボタン（図4）は、三光を表す三稜星であり、寮も「三光寮」と

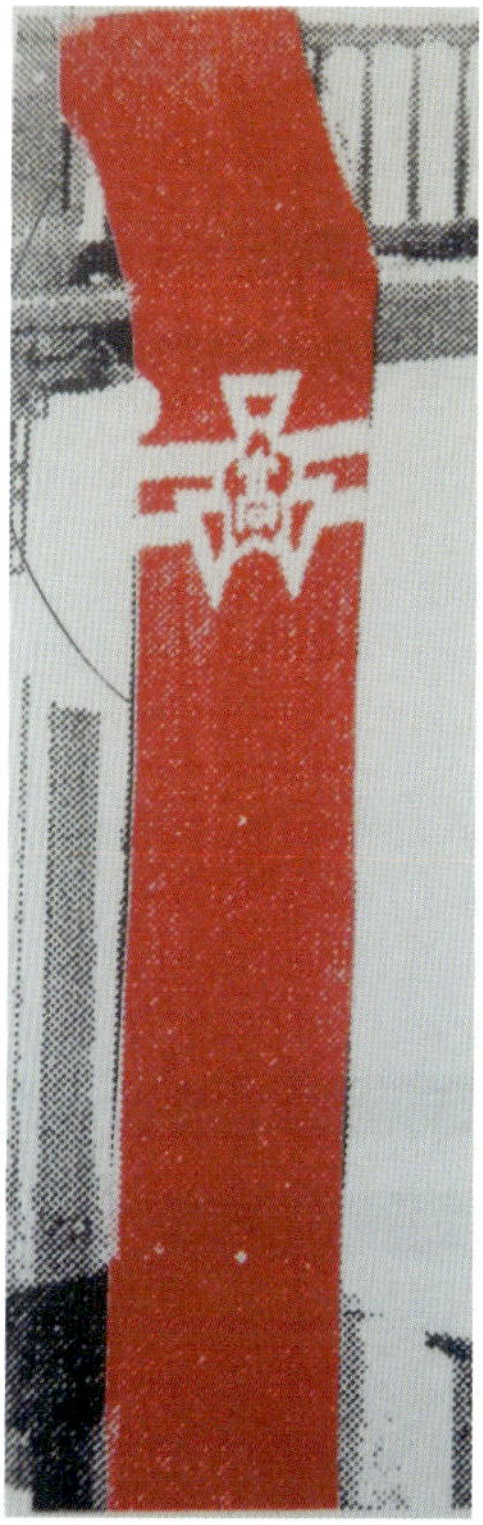

図6　幟

図5　応援旗

図7　幔幕

名付けられている。

旗

応援旗（図5）や幟（図6）は、もっぱら赤地に三光の校章と二本の白線を白く染め抜いたものが用いられたが、幔幕には、校章部分だけを黒くしたものもあったようである（図7、図8、図9）。

三光寮には、応援旗と同じ図柄の「三光寮旗」（図10）があった。

校旗（図11）は、白線付の校章を用いている。

（参考文献）
松山高等学校同窓会『寫眞集 曉雲こむる』（平成元年）。

図 9　三光寮幔幕

図 11　校旗

図8　三光寮幔幕

図10　三光寮旗

⑬

水戸高等學校（水高《すいこう》）

♪『時乾坤に移ろひて』

図1　校章

図2　校章

図3　帽章

図4　ボタン

校章

水戸高等學校は第十三高等學校に当り、大正九年四月、山形（第十四）、佐賀（第十五）の二校とともに設立された。

校章（図1、図2）は、水戸の「水」を表す六稜星の中央に「高」の字を囲んだ丸を置いたものである。帽章（図3）も同じであるが、ボタン（図4）では中央部分が省かれて星だけとなり、その星も校章に比べ鈍角で丸みを帯びたものとなっている。校章は校舎正面玄関の上にも飾られていた（図5）。

図6　応援旗

図5　校舎の校章

図8　応援旗

図7　応援旗

旗

一般的な旗（応援旗）は、白地に黒く校章と白線（黒線）を描いたもの（図6、図7）のほか「水戸」、「水府」の「水」を連想させる青色の地に、校章と白線とを白く染め抜いたものが用いられた（図8、図9、図10）。旗や幔幕（図11）の校章は、白抜きの部分が異なるなど、さまざまなバリエーションがあり、校章の代わりに六稜星だけやMの字を用いたものもあった。

校旗（図12、図13）は、青地に金糸で校章を刺繍し、白線二本と金色の総をつけたものである。竿頭（図14）は、神具の祭桙（矛）先端の形をしているが、これは校旗制定式を、昭和一五年二月一一日（皇紀二千六百年紀元節）に行ったことと関係していると思われる。（註）

（註）

水戸高等学校同窓会『時乾坤に移ろひて—水戸高等学校・写真集』（一九八九年）

図 10　応援旗

図 9　応援旗

図 13　校旗

図 11　幔幕

図 14　校旗竿頭

図 12　校旗

⑭ 山形高等學校（山高）

♪「嗚呼乾坤の春の色」

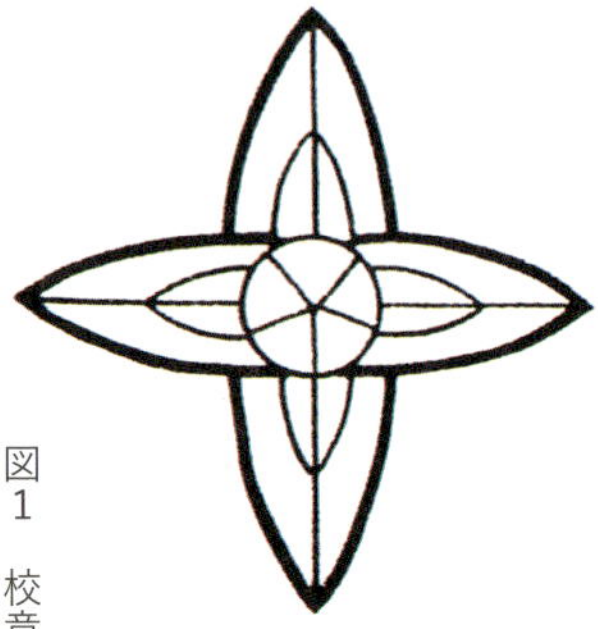
図1　校章

図2　帽章（白線付）

図3　側章

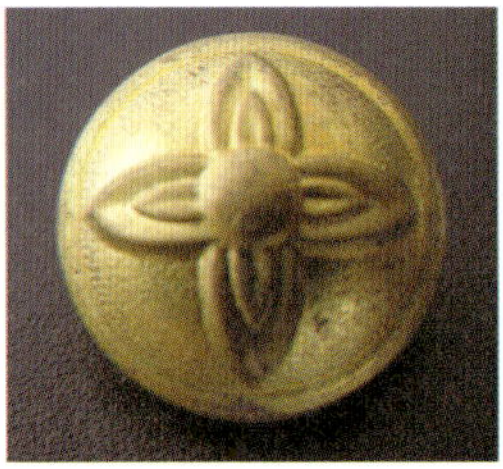
図4　ボタン

図5　手拭

図6　鳥海ふすま

図7　寮委員バッジ

校章

大正九年四月設立された山形高等學校は、第十四高等學校に当る。

校章（図1）は、「鳥海ふすま」である。これは本州では鳥海山（出羽富士）にだけ自生する白色五弁化の高山植物で、豪雪烈風に耐えて可憐な花を咲かせることから、山高精神にふさわしいとして三輪田輪三初代校長が発案し、図画の藤茂木講師が作成したものである。茎頭の花の蕾を中心にして十字対生の葉を配した単純明快、清楚雄健な姿はよく山高の校風

図8　ふすま同窓会館の校章

図9　応援旗

図10　応援旗

図11　応援旗

にかない、山高生の愛と誇の対象となったと云われる(註)。中央の蕾には未来への発展の意味が込められている。蕾の五本の放射線は、「大」字を倒立した形で、上が「V」型にならなければならない。この理由は、蕾が五つの弁を開いた時の花の形を思い描けばよく分かるであろう。

帽章（図2）、側章（図3）、ボタン（図4）は同じ図柄である。校章の上下をよく示す手拭（図5）、鳥海ふすま（図6）、寮委員バッジ（図7）、山高関係者の「ふすま同窓会館」に掲げられた校章（図8）を紹介する。

旗

一般的な旗（応援旗）や幟などは、白地に黒く校章と白線（黒線）を描いたもの（図9、図10、図11）が多く用いられたが、色地に白く図柄を染め抜いたもの

図 13　垂幕

図 12　応援旗

図 15　校旗竿頭

図 14　校旗

図 16　校旗展示

もあった（図12、図13）。

校旗（図14）は、紫紺の地に金糸で校章を刺繍したもので、白線はない。竿頭（図15）は、校章を立体化したものである。校章の入った装飾と並んで展示されている校旗（図16）を紹介しておく。

（註）

『山形高等学校　山形大学文理学部　五十年史』一五—一六頁。

⑮ 佐賀高等學校（佐高）

♪「曉近き野に出でて」

図1　校章

図2　帽章（白線付）

図4　ボタン

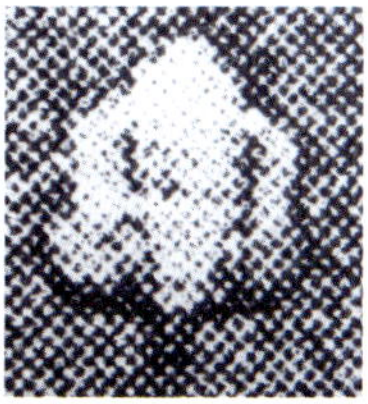

図3　側章

図5　バッジ

図6　校舎の校章

校章

第十五高等学校に当る佐賀高等學校は、大正九年四月に設立された。

校章（図1）は、一七本ないし二三本の葉脈を持つ菊の葉の中央に、「佐高」の篆書文字を入れたものであり、「菊葉章」と呼ばれた。これは生駒萬治初代校長が東京美術學校に委嘱して作ったもので、菊の葉の図柄は古永徳の絵によって得たとされる。[註] 帽章（図2）、側章（図3）、ボタン（図4）、バッジ（図5）も同様である。校章は、校

図7　応援旗

図8　応援旗

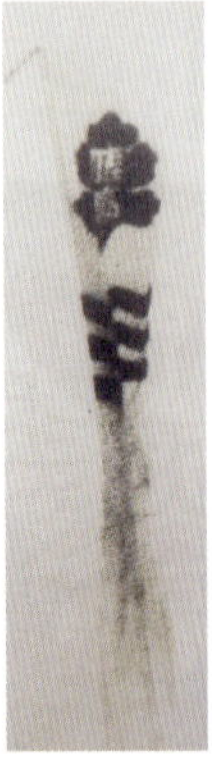

図9　幟

図10　幟

図11　幟

舎の正面玄関にも飾られた（図6）。

旗

一般的な旗（応援旗）は、白地に黒く校章と白線（黒線）三本を描いたもの（図7、図8）であったが、幟（図9、図10、図11）では校章を上にし、黒線三本を下に離したものが用いられた。

校旗には1と2の二種類があった。「校旗1」（図12、図13）は、白地に暗緑色の菊葉を一七本の葉脈と文字を金糸で刺繍したもので白線はなく、「校旗2」（図14、図15）は、紫の地に緑の菊葉と黄の文字と二三本の葉脈を金糸で縁取りし、三本の白線を配した色鮮やかなものである。「佐高」の文字が若干異なり、1では「佐」の「エ」の部分と「髙」の「口」部分が他から離れているのに対し、2ではこれらが密着している。竿頭（図16）

は校章を三方正面に立体化したものである。

（註）旧制佐高創立50周年記念大会『ああ青春よ我にまた』（昭和四六年）

図 12　校旗 1

図 13　校旗 1

図 14　校旗 2

図 15　校旗 2

図 16　校旗竿頭

⑯ 弘前高等學校（弘高《ひろこう》）

♪「都も通し津輕野に」

図1　校章

図2　校章

図4　ボタン

図3　帽章（白線付）

図5　講堂椅子の校章

校章

弘前高等學校は、松江高等學校と同じく、大正九年一一月設立され、当初、第十六高等學校と称していた（註1）。

校章（図1）は、「雄大剛健」を校是とする二高出身の秋田實初代校長が、荘子・逍遥遊の「鵬」こそ北辺の高校生の雄大な志を象徴するにふさわしいとして校章に選んだものである。この校章は「大鵬章」と呼ばれ、また、寮も鵬の棲処である「北冥」から「北溟寮」と命名された。出典には次のようにある（一部）。

図7　応援旗

図8　応援旗

図6　手拭

図9　幟

「北溟ニ魚アリ　其ノ名ヲ鯤《コン》ト爲ス　鯤ノ大イサ其ノ幾千里ナルカヲ知ラズ　化シテ鳥ト爲ルヤ　其ノ名ヲ鵬ト爲ス　鵬ノ背　其ノ幾千里ナルカヲ知ラズ　怒シテ飛べバ　其ノ翼ハ垂天ノ雲ノ若シ　是ノ鳥ヤ　海ノ運クトキ即チ將ニ南冥ニ徙ラントス　南冥トハ天池ナリ……」

校章（図1、図2）は、天空と大海を背景に翼を広げた鵬が飛翔する姿を描き、中央に「弘高」の二字を置いている。帽章（図3）は校章と同じであるが、ボタン（図4）の中央は「高」の一字のみとなっている。講堂長椅子の寄木細工の校章（図5）と手拭（図6）を紹介しておく。

旗

一般的な旗（応援旗）や幟は、白地に黒く校章と二本の白線（黒線）を描いたもの（図7、図8、図9）が用いられた。幔幕では色地に校章を白く

図 10　幔幕

図11　校旗

染め抜いたもの（図10）もあった。

校旗（図11）は、昭和三年御大礼記念として制定され

「紫紺の絹地に白線二条、中央に大鵬章が金糸で縫いあげている。周囲は紫の總で飾られ、四隅には更に飾結びの房がさがっている。……頂上部に三面合せの冠飾、大鵬章が輝いている」[註2]

と説明されている。この「冠飾」（竿頭）の写真は不明である。

（註）

1 旧制弘前高等学校同窓会『弘前高等学校同窓会報 第三十号』（創立八十周年記念特集号、平成一二年九月）一二三頁。

2 前掲、一一一頁。

⑰ 松江高等學校（松高・淞高《まつこう》）

♪「目もはろばろと桃色の」

図1　校章A

図2　校章B

図4　ボタン

図3　帽章（白線付）

校章

松江高等學校は、弘前高等學校と同じく、大正九年一一月設立、第十七高等學校に当り、「松」を冠する他の二校（松本、松山）と区別するため、水の都と呼ばれた山紫水明の景を誇り、自らを「淞高《まつこう》」と称した。

校章は、松江と第十七高校に因み、松の葉を一七本組み合わせて六角形にし、中央に「高」一字を置いたものである。松葉の中三本は2時、6時、10時の三方向を指し、それぞれ他の一六本を分けている。校章とされるものは二種あり、その一つは正六角形（図1〈校章A〉）で、校舎

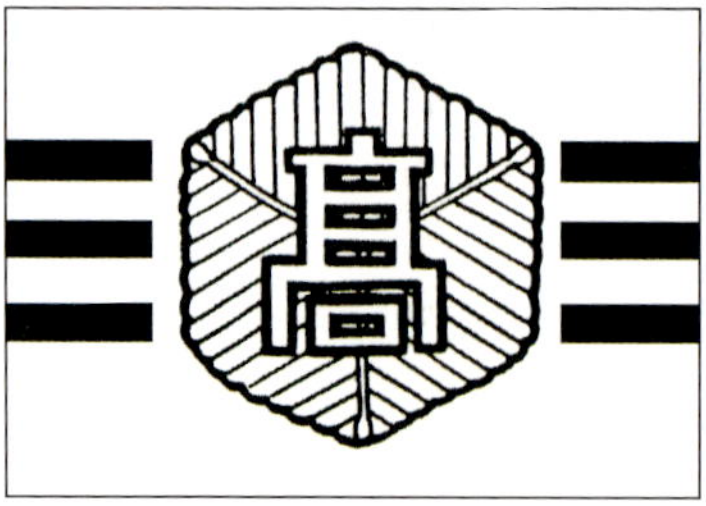

図５　校舎の校章

図６　記念碑の校章

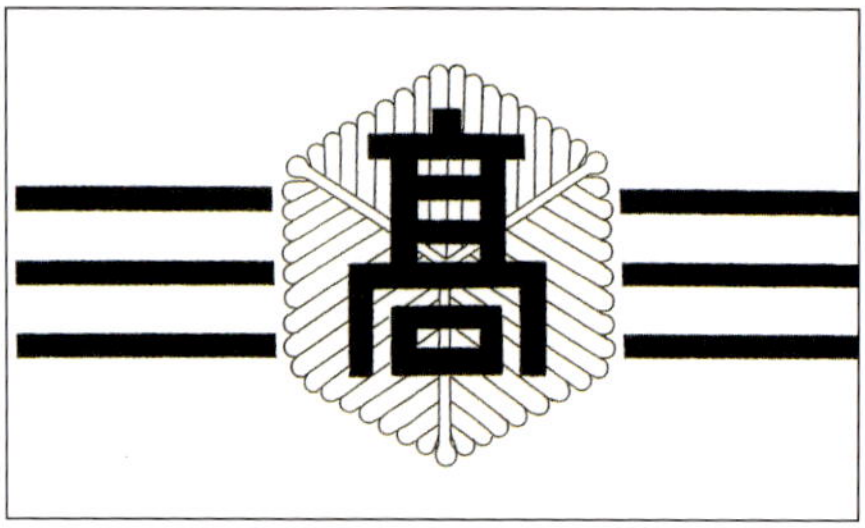

上：図７　応援旗
中：図８　応援旗
下：図９　応援旗

玄関の上に飾られ、応援旗などもこの形が一般に用いられた。他の一つは、この三方向の松葉が短くなってやや歪な六角形になっており（図２〔校章Ｂ〕）、帽章（図３）や校旗はこの形をとっている。ボタン（図４）は、「高」の一字のみを円形に丸くデフォルメしたものである。正六角形（Ａ型）の校章を示す玄関正面に飾られた校章（図５）と、島根大学構内に建立された淞高創立八十周年（平成一二年）記念碑の校章（図６）とを紹介しておく。

この校章は京都帝國大學建築學科の武田五一教授になって考案されたもので、六角形は山陰の雪の結晶にちなんでいるという（インターネット「松江高等学校校章」）。

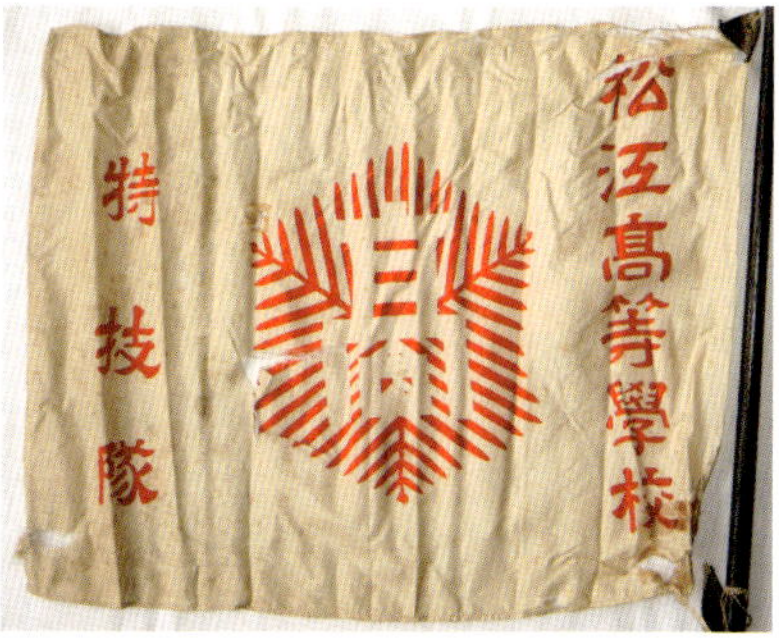

図 12　特技隊旗

図 10　応援旗

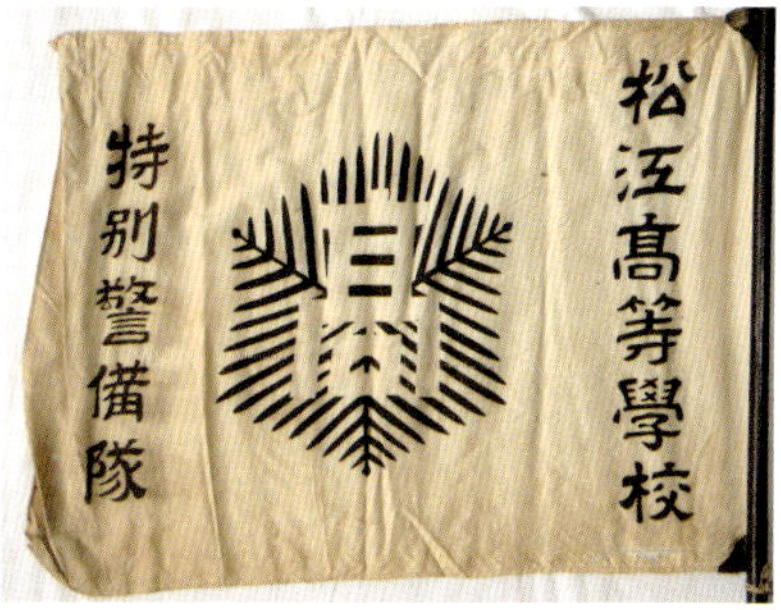

図 13　特別警備隊旗

図 11　応援旗

旗

一般的な旗（応援旗）は、白地に黒く校章と白線三本を描いたもの（図7、図8、図9）や赤地白抜きのもの（図10、図11）が用いられた。

現存する「特技隊」旗（図12）、「特別警備隊」旗（図13）、を見ると中央から左右斜めと下に延びている三本の松葉は、葉ではなく先端に丸い蕾をつけた枝であることが分かる。

校旗（図14、図15）は、青紫の地に金色の校章と総が加えられたものである。旗面の校章（図16）はB型をしており、松葉の先端がやや尖っているように見える。竿頭（図17）はA型で、正六角形、三方正面の校章が用いられている。

（註）
旗画像の多くは松江歴史館所蔵資料による。

図 16　校旗の校章

図 14　校旗

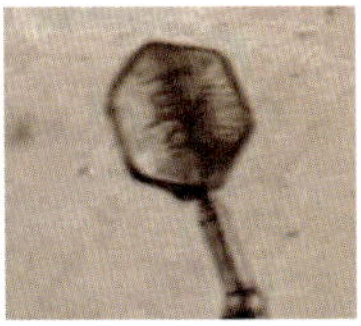
図 17　校旗竿頭

図 15　校旗

⑱ 東京高等學校（東高）

♪「吹けよ秩父の山よりおろす」

図1　校章A

図2　校章B

図3　帽章（白線付）

図4　側章　尋常科襟章

図5　外套ボタン

図6　記念碑の校章

校章

東京高等學校は、大正一〇年、大阪、浦和、福岡の各高校と並んで設立された、内地における唯一の官立七年制高校である。尋常科四年、高等科三年で、当初は尋常科のみで開設され、高等科は、大正一四年、尋常科出身者と他校出身者とをもって発足した。

校章（図1、図2）は、湯原元一初代校長の指示により「菊」とし、事務の星野辰男が寒菊の葉だけの図案を作成した。上部の葉にある四つの葉脈が尋常科の四学年を、その下の左右二枚の葉の三つの葉脈が高等科の三学年を表象し

図7　応援旗

図8　応援旗

図9　応援旗

図10　応援旗

たとされる。最下部の二枚にある一つの葉脈は一年の専攻科を置くこととなっていたためである。ただし、校章には若干の違いがあり、葉脈の数は必ずしもこの説明と一致しない。寒菊は、厳寒峻霜もしぼまぬ力強さを表したという[註1]。

帽章（図3）、側章、尋常科襟章（図4）、外套ボタン（図5）は同じ図柄である。菊葉の襟章は尋常科のみに用いられ、高等科は、L（文）、S（理）の襟章を用いた。制服はホック留めであったが、外套には金ボタンがつけられた。尋常科も同じ白線帽を用い「日本一かわいい『白線帽』組である」[註2]と評された。記念碑の校章を紹介しておく（図6）。

旗

一般的な旗（応援旗）や幟などは、白地に黒く校章と白線（黒線）を描いたもの（図7、図8）のほか、様々な色地に校章を白く染め抜いたもの（図9、図10、図11）があった。

図 11　法被

図 13　校旗と竿頭

図 12　校旗

図 14　校旗竿頭

校旗（図12、図13）は、昭和四年、沢村寅二郎教授を長とする選定委員により、髙島屋のデザインによる臙脂の綾錦地に金糸の菊葉を配した旗が制定された。[註3] 白線にあたる部分に植物の文様が描かれた珍しい図柄である。竿頭（図14）は、円形に校章を描いた三方正面のものであるが、これと異なった菊の花冠らしい竿頭の写真もある（図13）。

（註）

1 東京高等学校史刊行委員会『東京高等学校史』（一九七〇年）六三―六四頁。

2『白線帽の青春　東日本篇』（国書刊行会、一九八八年）一七一頁。

3 東京高等学校同窓会『旧制東京高等学校ジェントルマン教育の軌跡』（二〇〇一年）二五頁。

⑲ 大阪高等學校（大高《だいこう》）

♪「嗚呼黎明は近づけり」

図1　校章

図2　校章

図3　帽章

図4　側章

図5　ボタン

図6　バックル

校章

大阪高等學校は、第十九高等學校に当り、大正一〇年、東京、浦和、福岡の各高校と並んで設置された。

校章（図1、図2）は、野田義夫初代校長の命を受け、理科の絵画講師に予定されていた多賀谷健吉が考案したもので、大阪高等學校の略称「大高」の二字を、実と葉をつけたローレルの枝で囲んだ図柄であり、「遠大の抱負、高遠の理想」とオリンピック勝者への称賛の表章たる

図７　応援旗

図８　応援旗

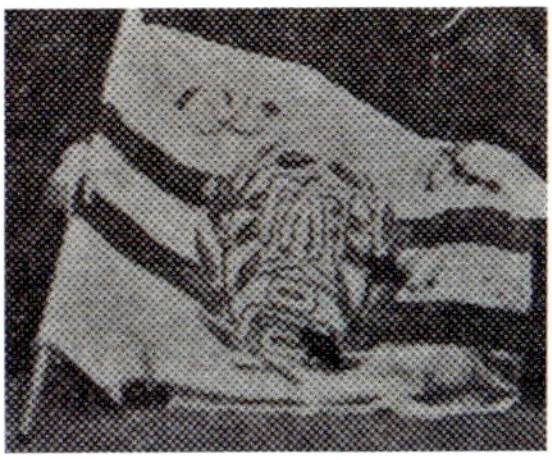

図９　応援旗

図10　応援旗

ローレルを組み合わせたとされる。

帽章（図3）は、この図柄を、王者の色「紫」の七宝（エナメル）の台に載せたものであるが、生徒の方はエナメル入りが嫌で、薬品で七宝の部分を消してしまうようになったという（註）。

側章（図4）、ボタン（図5）、バックル（図6）には同じ図柄が用いられた。

旗

一般的な旗（応援旗）や幟などは、白地に黒く校章と白線（黒線）を描いたもの（図7、図8、図9、図10）の他に紫紺の地に白く校章と白線を染め抜いたものが用いられた（図11）。

校旗（図12）は、昭和四年、天皇行幸に合わせて制定されたもので、濃紫の地に金糸で刺繍したローレルが、金で縁取られた白い「大高」の二字を囲んでいる。金の総がつけられ、白線はない。竿頭（図13）は、三方正面の円の中に校章がかたどられたものである。

図 12　校旗

図 13　校旗と竿頭

図 11　応援旗

（註）

大阪高等学校同窓会『旧制 大阪高等学校史』（平成三年）二九―三〇頁。

⑳
浦和高等學校（浦高）

♪『武蔵が原の末遠く』

図1　校章

図2　帽章（白線付）

図3　側章

図4　ボタン

校章

浦和高等學校は、第二十高等學校として、東京、大阪、福岡の各高校とともに大正一〇年に創設された。

校章（図1）は、上と左右斜め下三方に、横から見た六弁の菊の花を置き、それぞれの間に菊の葉を配し、中央に「浦高」の白い文字を置いたもので、「菊華章」と呼ばれた。

帽章（図2）、側章（図3）は同じ図柄であるが、ボタン（図4）は中央が「浦」一字になっている。バックル（図5）は、「浦

図5　バックル

図6　応援旗

図7　応援旗

図8　応援旗

髙」の二字を採っているが、ボタンと同じく葉脈が認められる。

旗を含め、花弁と葉については若干のバリエーションがあり、とくに葉は葉脈のあるものとそうでないもの（別の小さな葉に覆われているようなもの）の違いが顕著である。

旗

一般的な旗や幟などは、白地に黒で校章と白線（黒線）を描いたもの（図6）のほか、紺または紫紺の地に白く校章と白線を染め抜いたもの（図7、図8、図9）が一般的であった。

校旗（図10）は、濃紺の地に、菊花菊葉の図柄を金糸で、「浦髙」の二字を銀糸で刺繍し、これに二条の白線を加え、金の縁取りと総をつけたものである。竿頭（図11）は、校章を三方正面の浮彫にしたものである。

図 9　応援旗

図 10　校旗

図 11　校旗竿頭

㉑ 福岡高等學校（福高）

♪「ああ玄海の浪の華」

図1　校章

図2　福岡市市章

図3　帽章（白線付）

図4　側章

図5　ボタン

校章

福岡高等學校は第二十一高等學校に当り、東京、大阪、浦和と並んで、大正一〇年に創設された。

校章（図1）は、福岡に因んでフの字九つ（フ九）を組み合わせて正義の剣を形作り、中央に学問の神 菅原道眞公を祭る大宰府天満宮の梅花を配し、剣と梅花と合わせて「文武」を象徴し、これに「髙」の字を加えたものである。（註）この福岡を表す「フの字九つ」は、福岡市の市章にも用いられている（図2）。市章でみると九つのフの字がどのように組み合わされているかが

図6　応援旗

図7　応援旗

図8　応援旗

図9　校旗

よく分かるであろう。

帽章（図3）、側章（図4）、ボタン（図5）は同じ図柄である。

旗

一般的な旗、幟などはもっぱら赤地に白く校章と白線を染め抜いたものが用いられたが、白地や紺地のものもあった（図6、図7、図8）。

學而《がくじ》寮には西寮（文科）と東寮（理科）に各三寮あり、それぞれが寮の旗や幟を作っていた。（各寮は玄寮、鴻寮など固有の名を持っていた。また、後に南寮が加わった）。

校旗（図9）は、赤地に金糸で校章を刺繍し、金の総をつけたもので、白線はない。

（註）

『白線帽の青春　西日本篇』（国書刊行会、一九八八年）一九七頁。

㉒

静岡高等學校（静高《しづこう》）

♪「地のさゞめごと秘めやかに」

図1　校章

図2　帽章A

図3　帽章B（白線付）

図4　ボタン

図5　側章

校章

静岡高等學校は、第二十二高等學校に当り、大正一一年、高知高等學校と並んで設立された。

校章（図1）は、金子銓太郎初代校長が牧野富太郎に調査を依頼し、その推薦する富士山麓特有の「富士いばら」（富士薔薇）を森田武が図案化したもので、(註1)その形は、一輪五枚の花びらの中に数十本の雄蕊が円形に配され、中央に「高」一字が置かれたものである。

雄蕊は、通常、外と内、大と小の二重

図7　出版物の校章Ｂ

図7　出版物の校章Ａ

図6　皆勤賞

図9　応援旗

図8　富士薔薇

になっているが、旗などでは一重のものもあり、本数も必ずしも一定していない。帽章の雄蕊も大小各四九本二重のもの（図2〈帽章Ａ〉）や各三四本二重のもの（図3〈帽章Ｂ〉）がある。ボタン（図4）の校章は帽章とほぼ同じである（図4のボタンでは雄蕊の数は各五〇本二重となっている）。

側章（図5）、皆勤賞（図6）、出版物の校章（図7）、富士薔薇（図8）を紹介しておく。

旗

旗や幟は、スクールカラーの「焦茶」の地に校章と白線二本を染め抜いたもの（図9）が一般的であるが、部旗などでは白地に焦茶の校章を描いたもの（図10、図11）や黒地に白い校章が描かれ雄蕊が一重のもの（図12）もある。

図 10　野球部部旗

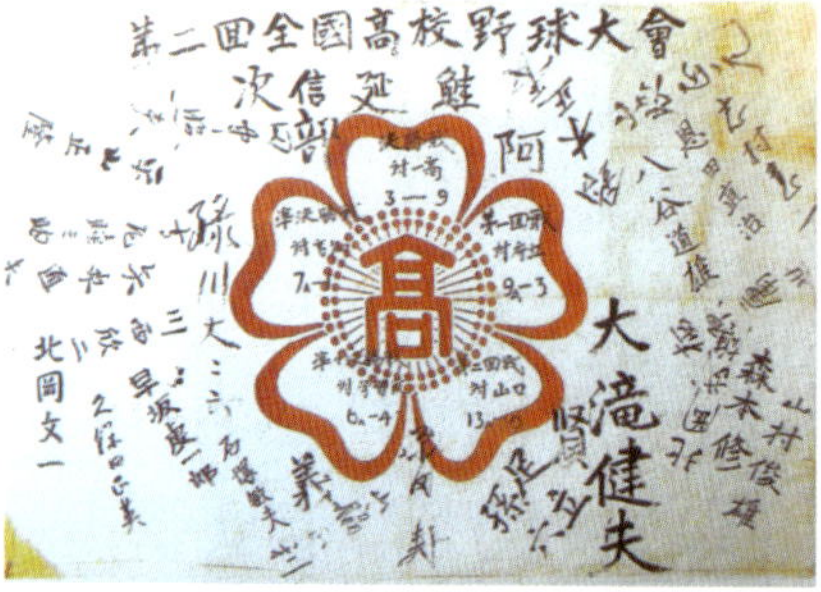

図 11　野球大会寄せ書き旗

図 12　水泳部部旗

図 13　応援旗

色については「服装規程」で略帽（麦藁帽）の鉢巻が「焦茶色」とあり、これが学校色となっているが、赤みが強く、臙脂に近い旗などもあった（図13）。

五つあった寮は、第一、第二などと数字で呼ばれていたが、大正一四年それぞれ雅称と寮色が定められ、不二寮（白）、穆寮（茶）、映寮（緑）、魁寮（黒）、悟寮（赤）となり、各寮で作る幟（長旒旗）はこの寮色で染められた。ただし、寮色には異説もあるという。（註2）これら寮の幟にはそれぞれ一本から五本までの横線と髑髏や鳥などのマークが描かれていた（註3）（図14）。（昭和一一年、全寮は「仰秀《ぎょうしゅう》寮」と命名され、昭和一六年には第六寮「眞寮」が加わった。）

校旗（図15、図16）は、焦茶の地に金糸で刺繍した校章と白線二本を配し、金色の縁取りと総がつけられたものである。雄蕊は外側の四五本と内側の四五本が重なることなく互い違いに並んでいるため、一本の花糸に二つの葯を配している帽章

図 14　寮幟（長旒旗）B

図 14　寮幟（長旒旗）A

図 15　校旗

図 16　校旗（部分）

などと異なり、花糸も菊と同じく九〇本と多くなっている。

（註）

1 旧制静岡高等学校同窓会『青春奏つへし—官立静岡高等学校六十周年記念編纂—』（昭和五七年）二四—二五頁。

2 前掲書、五四頁 及び 旧制静岡高等学校同窓会 静岡大学寮誌刊行委員会『花時うたふへし—仰秀寮誌—』（昭和六二年）一〇頁。

3 旧制静岡高等学校同窓会『時じくぞ花』（平成九年）一〇二頁。

㉓ 高知高等學校

♪「人絢爛の美にたゞれ」

図1　校章

図2　帽章A

右：図3　帽章B（白線付）
上：図4　側章

図5　ボタン

図6　記念品（文鎮）

校章

高知高等學校は、第二十三高等學校に当り、大正一一年、静岡高等學校と並んで設立された。

校章（図1）は、一高出身の江部淳夫《あつお》初代校長の発案にかかり、丸みが加わってはいるが三角形の一高帽章に似ている。この三角形の中にそれぞれ一一枚又は一三枚の葉と四個の実をつけた月桂樹（?）の枝が三方に伸び、中心に二重円化された「高」の字が配されている。この字は「高知」と「高校」のダブル「高」

図7　応援旗

図8　応援旗

図9　応援旗

図10　水泳部部旗

を示したものと考えられた（註）。

　この植物は、月桂樹と橄欖の二説があり、寮歌にも両方が謳われているが、月桂樹は通常の「栄誉の意味に加えて恒例の観月会などでとくに親しまれた「桂浜」を、橄欖は一高と同じく「文」を表象するものとして、どちらともとれるようにしたものと思われる。

　帽章には、校章のみを単純に示し、一本の枝に葉が一一枚あるもの（図2（帽章A））と地の部分にかなり装飾を加え、葉がそれぞれ一三枚のもの（図3（帽章B））とがある。側章（図4）と黒練のボタン（図5）は、校章と同じ図柄を用いている。記念品に用いられた校章（葉がそれぞれ一五枚ある（図6））を紹介しておく。

図 11　柔道部幟

図12　応援旗

図 13　校旗（親閲拝受章付）

旗

スクールカラーは青で、一般的な旗（応援旗、部旗など）や幟は、もっぱら青地に白く校章と白線を染め抜いたもの（図7、図8、図9、図10、図11）が用いられたが中には白地に青で校章と白線を描いたものもあった（図12）。

校旗（図13、図14）は白黒の写真が残るのみであるが、色地の上に刺繍した校章と二本の白線を配し、縁取りと総がつけられている。竿頭は剣型である（図14）。

（註）

旧制高知高等学校同窓会『高知、高知あゝ我母校—旧制高知高等学校五十年史』（昭和四七年）一一五頁。

図 14　校旗

図1　校章

㉔ 姫路高等學校（姫高《ひめこう》）

♪「あ、白陵の春の宵」

図2　帽章（白線付）

図3　ボタン（黒練）

図6　メダル

図4　バックル

図5　バックル

校章

姫路高等學校は、第二十四高等學校に当り、大正一二年、廣島高等學校と並んで設立された。この年をもって、大正八年から毎年続いてきた内地における官立ネームスクールの設置は一段落する。

　校章（図1）は、白鷺城にちなみ、両翼を広げた白鷺が「高」の字を頭上に捧げている図柄である。寮も白鷺にちなんで「白陵」と名付けられた。

　帽章（図2）、ボタン（図3〔黒練〕）も同じ図柄を用いている。

図8　校章杯

図7　校章額

図11　校章の装丁（鴇色地）

10　校章の装丁（赤地）

図9　校章の装丁

校章を描いたバックル（図4、図5）、メダル（図6）、記念の額（図7）、杯（図8）、本の装丁（図9、図10、図11）を紹介しておく。

旗

一般的な旗（応援旗、部旗）や幟は、白地に黒く校章と白線（黒線）を描いたもの（図12、図13）が多く用いられたが、本来、校色は赤色（帝王色）で、白陵旆、手拭、出版物などにも使われ（図10）、さらに鴇色《ときいろ》であったという説もある（図11）。

校旗は「高」字の無い原案の一つ（図14）も残されているが、採用された校旗は、真紅の地に、校章の白鷺が銀糸、「高」の字が金糸で刺繍され、二本の白線を配し、金色の総をつけたものである（図15）。この校旗はいまも「現役」で、私立の三木学園白陵高等学校（新制）の校旗として用いられている。その経緯は、同学園の創立者三木省吾が姫高卒業生であり、新設の学校名を姫高にちなんで「白陵」とし、校章も姫高と同じものとし、姫高校旗を白陵高校の校旗として譲り受けたことによるという。（註）

（註）兵庫県立大学環境人間学部「姫路高等学校同窓会資料室」展示説明文。

図 13　幟

図 12　応援旗

図 14　校旗原案

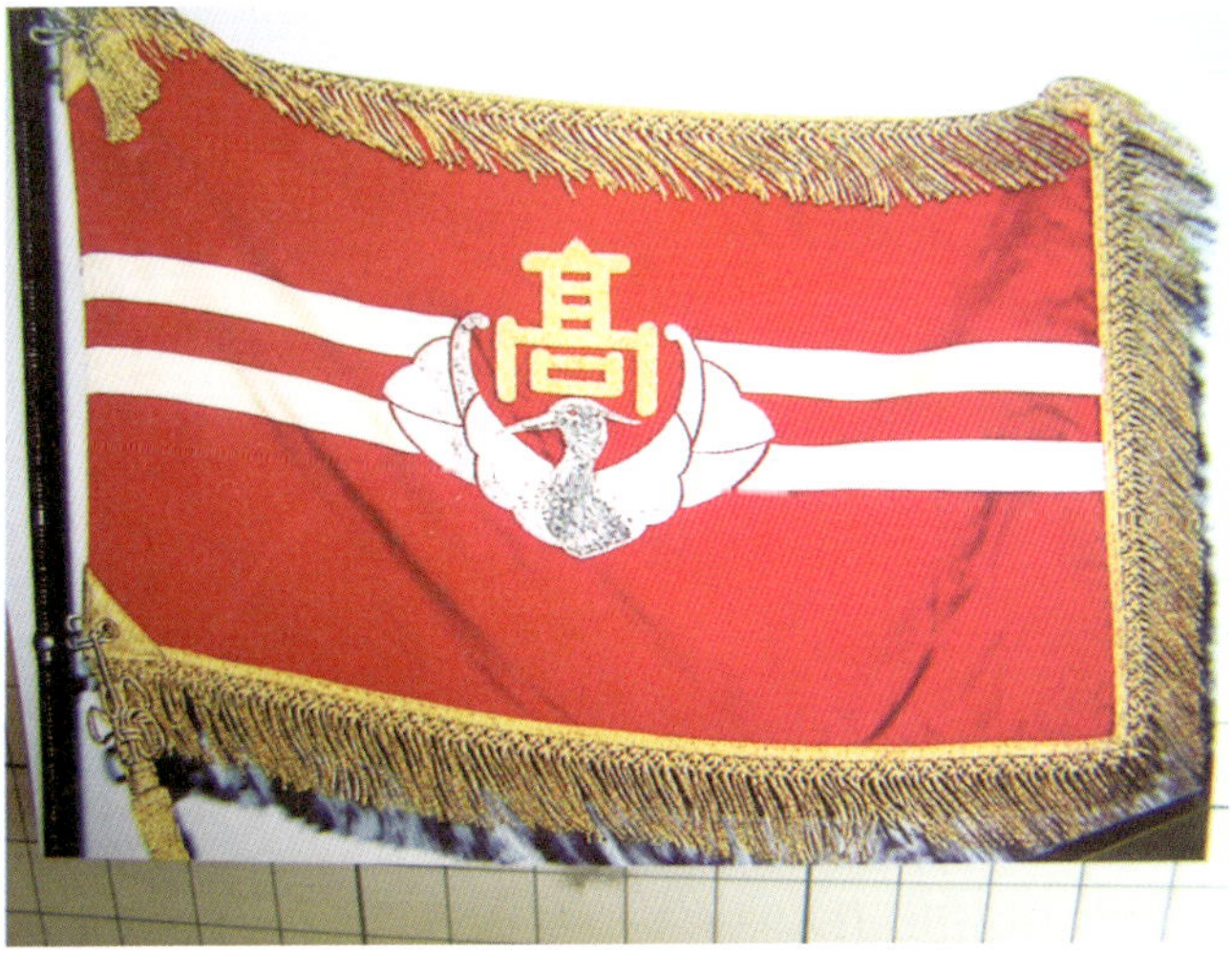

図 15　校旗

㉕ 廣島高等學校（広高）

♪「銀燭揺らぐ花の宴」

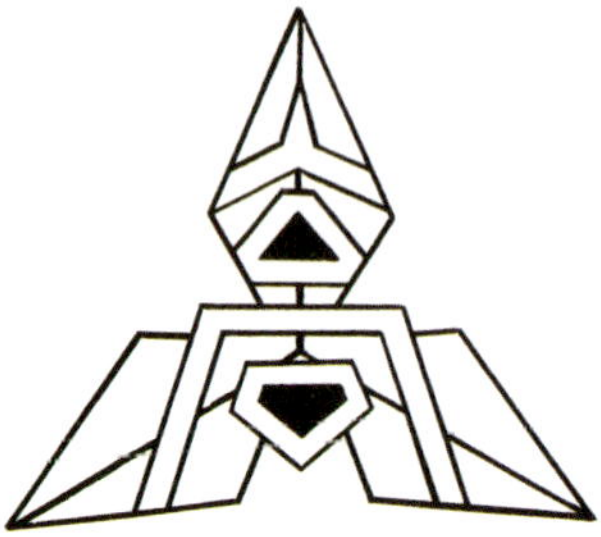

図1　校章A

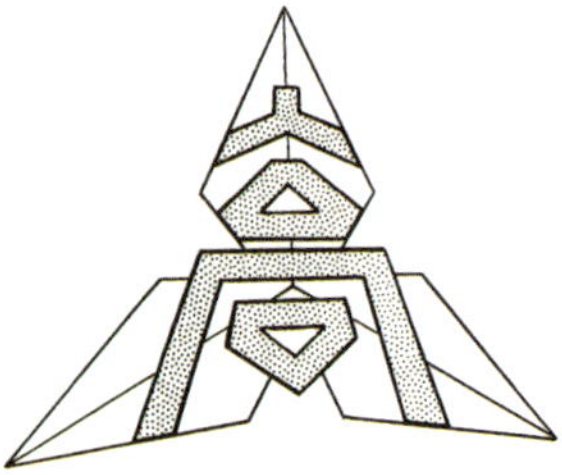

図2　校章B

図3　校章C

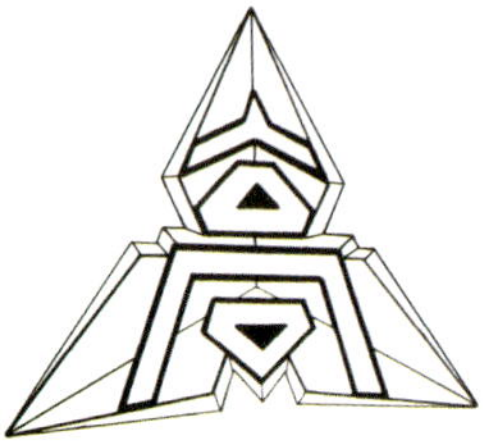

図4　校章D（輪郭付）

図5　帽章（白線付）

校章

廣島高等學校は、大正一二年、姫路高等學校と並んで設立され、第二十五高等學校に当り、大正八年から毎年設置されてきた一七に上る内地官立ネームスクールの掉尾を飾る。

校章は、広島デルタ地帯の主流三《み》篠《ささ》川にちなみ、三枚の笹の葉を組み合わせ、中央にデフォルメした「高」の字を置いたものである。「高」字の第一画は、三角（山型）のものと四角のものとがある。また、この校章はきわめて直線的、立体的で、そのまま平面化したのでは帽章と比べて印象が大きく異なるため、凹凸を塗り分けたり、土台の輪郭を描き加えた

図8　ループタイ

図7　記念碑の校章

図6　ボタン

図10　野球部旗

図9　応援旗

図12　水泳部幟

図11　幔幕（輪郭付）

りして、さまざまな図柄が用いられている（図1、図2、図3、図4）。帽章（図5）をみるとこれを平面化する難しさが分かるであろう。

帽章、ボタン（図6）は同じ図柄を用いている。

講堂に掲げられ、現在記念碑になっている銘板の校章（図7「高」字の第一画は四角」）、ループタイの校章（図8）を紹介しておく。

図14　応援旗

図13　応援旗

図16　校旗（正門前・親閲拝受章付）

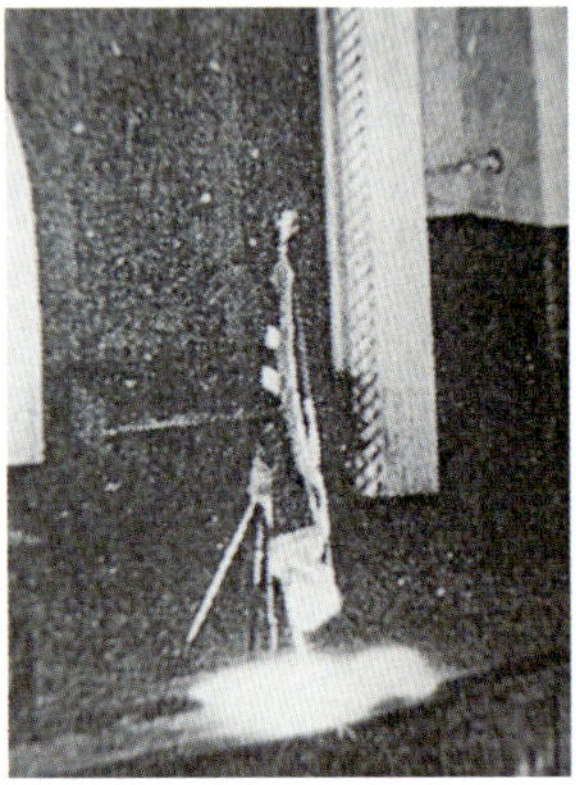

図15　校旗（壇上）

図13　応援旗

旗

一般的な旗（応援旗、部旗）や幟や幔幕は、赤地に白く校章と白線を染め抜いたもの（図9、図10、図11、図12）が多く用いられたが、白地のもの（図13）や青地のもの（図14）もあった。赤が代表的な色となったのは三高教頭であった十時彌《わたる》初代校長の影響があったと思われる。

　校旗は、昭和一五年に寄付を受けた旨の記録がある。鮮明な画像が無く、判別しにくいものではあるが、講堂壇上に飾られたもの（図15）と学徒出陣の際校門を出る校旗（図16〔親閲拝受章付〕）を紹介しておく。これを見ると、校旗は白線と総のついたものであったことが分かる。

㉖ 富山高等學校（富高《ふこう》）

♪「丘の團欒にあくがれて」

図1　校章

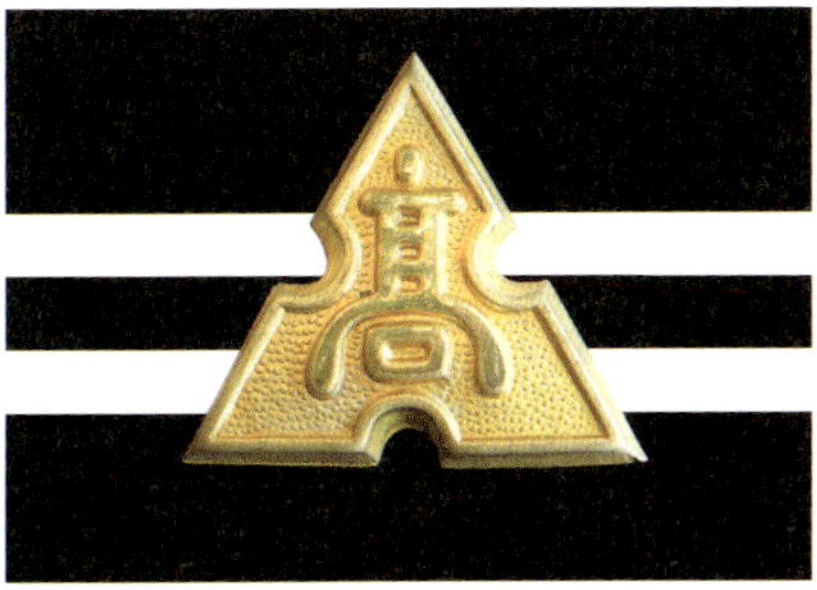

図2　帽章（白線付）

図3　側章

図4　ボタン

校章

大正一二年、高等学校設立のための寄付を受けた富山県は、文部省の認可を経て、県立七年制の「富山高等學校」を設立した。

同校は、県財政などの理由から、昭和一八年、県立から官立に移管され、官立三年制の富山高等學校と県立七年制の「富山縣立高等學校」となり、尋常科の募集をやめ、後者は尋常科生徒修了の昭和二一年廃校となった。

したがって、富山高等學校は昭和一八年までは公立（県立）七年制高校であり、その後は官立三年制高校である。

校章（図1）は、校庭から正面に見える立山連峰の峻嶮剱岳を表し、その三つの稜で真、善、美を象徴する

図５　胸章（排球部）

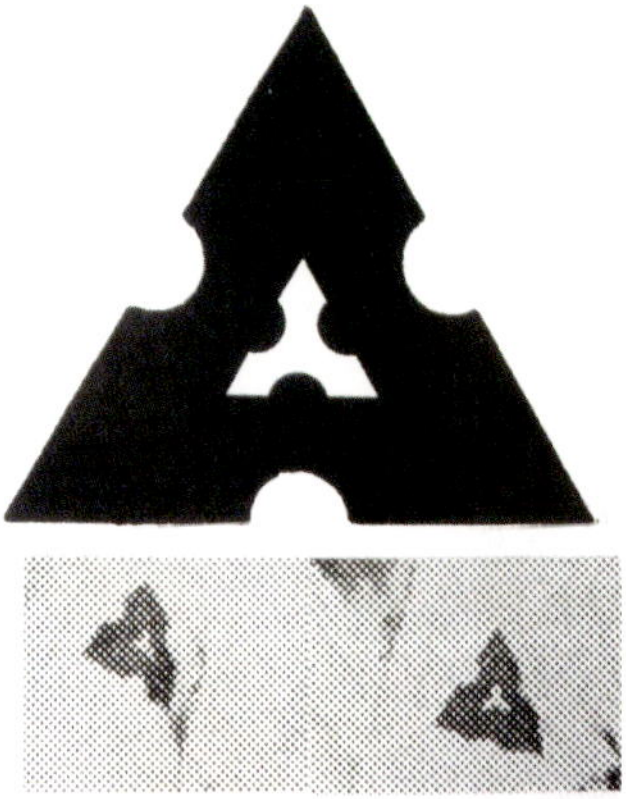

図６　胸章（柔道部）

図７　校章（ロゴ）

図８　応援旗

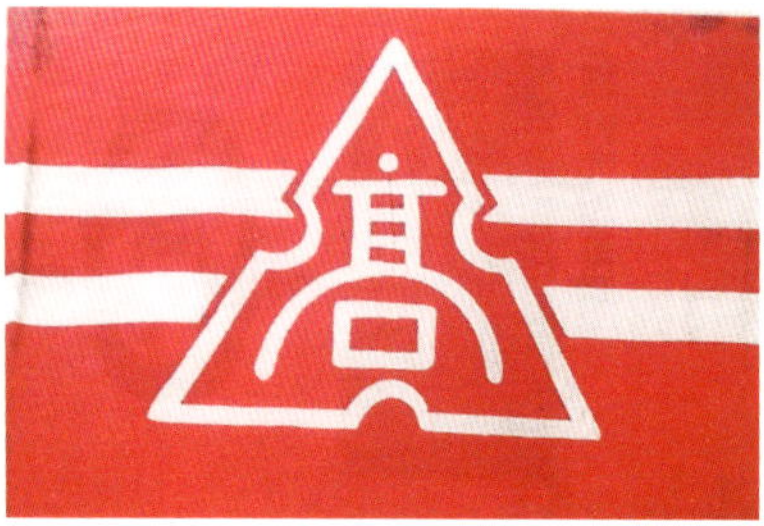

図９　応援旗

もので、南日恒《つね》太郎初代校長の示唆を受けた宇田喜久雄が作成した。当初の大正一三年のものは切れ込みが三角形であったが、二年目に丸い切れ込みに改められたという。

　帽章（図2）、側章（図3）、ボタン（図4）は同じ図柄を用いている。側章は高等科は銀色、尋常科は顎紐付きで金色であった[註]。

　運動部の胸章は、校章をデフォルメした黒い部分の大きい図柄があり（図5、図6）、また、車両などに、学校の表示として三稜形の輪郭のみを描くこともあった（図7）。

旗

　一般的な旗（応援旗、部旗）や幟（寮幟）などは白地に黒く校章と白線を描いたもの（図8）のほか、色地に白く

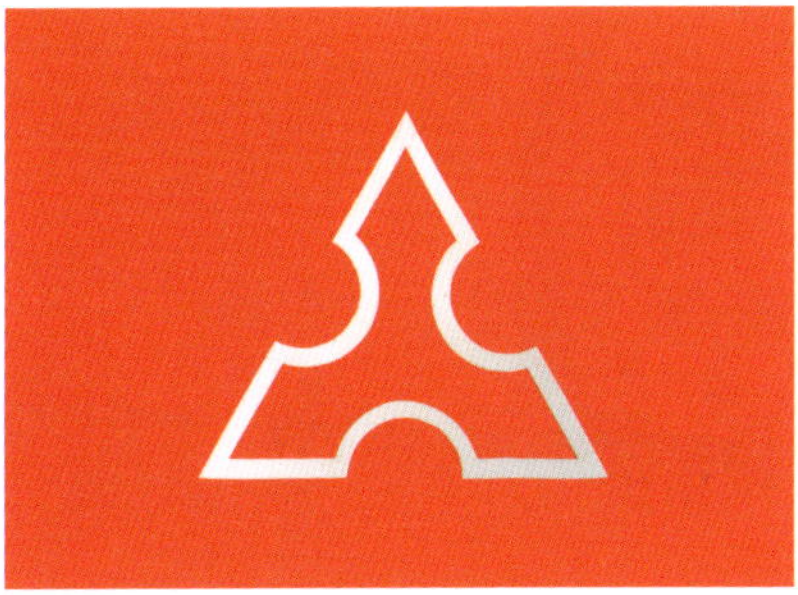

図 12　部旗（山岳部）

図 11　応援旗

図 13　校旗

図 10　応援旗

図 12　部旗（山岳部）

校章、白線を染め抜いたもの（図9、図10、図11、図12）があった。

校旗（図13）は、昭和七年に樹立され、色地に校章と白線を配し、総をつけたものである。

（註）
旧制富山高等学校同窓会『富高一代記』（昭和四八年）六―七頁。

㉗ 浪速高等學校（浪高《なみこう》・大阪）

♪「麥生《むぎふ》の床《とこ》に百鳥《ももどり》の」

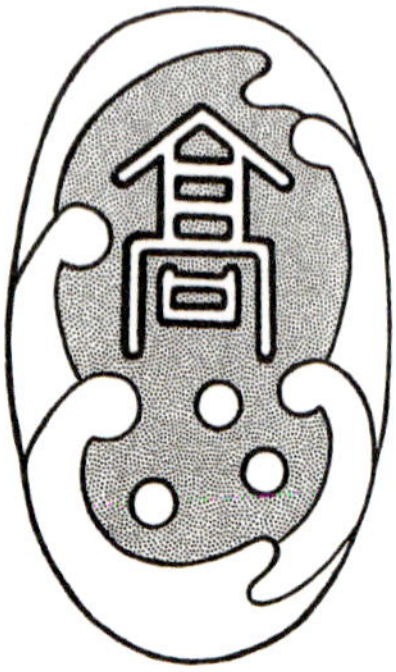

図1　校章A

図2　校章B

図3　帽章（白線付）

図4　帽章

図5　バックル

校章

大阪府は、大正一五年、官立の大阪高等學校のみでは就学希望者の要求を満たすことができないとして、尋常科を持つ府立の七年制高等学校「浪速高等學校」の設立を文部省に申請し、認可された。「浪速」は、大阪の異称であるが、名称が申請の過程で「大阪府高等學校」から「浪速高等學校」に変更されたという。ただし、その経緯は不明。(註)

尋常科は同年（大正一五年）、高等科は翌昭和二年に新入生が入学し、発足した。

校章は、「高」の字が、「浪速」を表す波濤と飛沫を浴びて、疾風怒濤の躍動を伝える図柄である（図1、図2）。

図8 「浪高生の像」台座校章

図7 柔道バッジ

図6 バックル

図10 応援旗

図9 応援旗

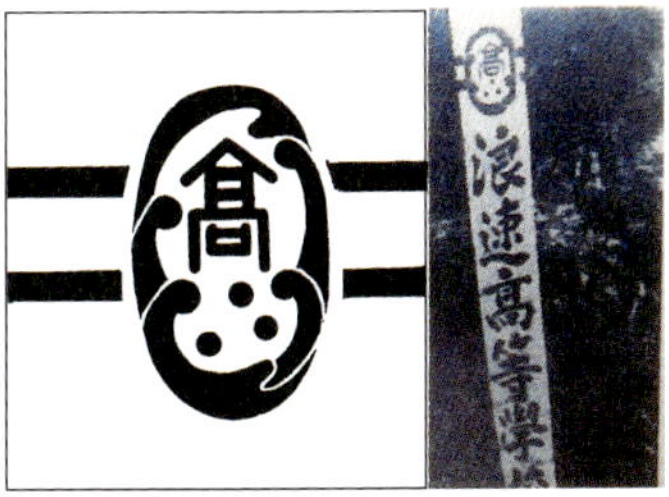

図12 応援幟

図11 応援旗

帽章も、白波を表す銀色を用い、浪高生は自らを「銀浪兒」と呼んだ。帽章には、波頭の形や飛沫の色（白エナメルと地金《じがね》色）に違いが見られる（図3、図4）。（銀色の帽章は、浪高と新潟高の二校のみである。）

制服は、ホック留めの海軍士官型であり、ボタンはない。

校章を用いたバックル（図5、図6）とバッジ（図7〔柔道〕）を紹介しておく。

平成二二年、待兼山の母校跡地に建立された「浪高生の像」の台座にも校章が刻まれている（図8）。

旗

一般的な旗や幟（応援旗、部旗）は、海を表す青地に白く校章と白線を染め抜いたもの（図9、図10、図11）が多く用いられたが、白地に黒い図柄のも

図 13　競技部部旗

図 13　競技部部旗

図 15　校旗

図 14　庭球部部旗

のもあった（図12）。

校章のような紋章は旗の中心にあるのが普通であるが、部旗などには旗竿の反対側（旗尾、フライ）におかれたものがある（競技部部旗〔図13〕、庭球部部旗〔図14〕）。フライ側におくことで旗のはためきによる波の躍動を伝えようとしたものであろうか。

校旗（図15）は、昭和四年五月に樹立式が行われた。校章と校名があり、縁取りの線は二重になっている。白線はない。

（註）

旧制浪速高等学校同窓会『待兼山　青春の軌跡―旧制浪速高等学校創立70年記念誌―』（平成七年）四四頁。

㉘ 府立高等學校

♪「銀扇空にひるがえす」

図1　校章A

図2　校章B

図3　校章C（輪郭付）

図4　帽章（白線付）

図5　ボタン

校章

昭和四年、東京府立第一中學校（「府立一中」と略）は、東京出身者の高校進学難を背景に、川田正澂《まさずみ》校長を中心として七年制高校への昇格運動を行っていたが、結局、昇格ではなく、七年制高校を新設することとなった。校名は、当初、「東京府立高等學校」とする案であったが、官立の東京高等學校との混同をさけるため、「東京」を除き、単に「府立高等學校」とすることになった。（註1）なお、府立高等學校は、昭和一八年、東京都制実施に伴い、

図6　帽章

図7　東京府立一中帽章

図8　東京都立桜修館中等教育学校徽章

図9　桜修館袖章

図10　応援旗

「都立高等學校」と改称された。

設立の経緯から府立一中との関係は特に密接で、当初は府立一中の校舎に間借りし、初代校長は川田が府立一中校長を兼任する形をとり、校章は、府立一中の、旭日の中に桜花を入れた図柄を逆にし、桜花の中に旭日を入れたものにした。[註1] 校章（図1、図2、図3）は、平面図では、花弁と旭光との間隔や輪郭の有無などで若干の違いがある。帽章（図4）とボタン（図5〔黒練〕）を見比べるとその違いが分かるであろう。府立一中校章との比較のため、府立高帽章（図6）と府立一中の帽章（図7）を並べて置く。

この校章は、府立高跡地に設置された府立高（尋常科）の後継校ともいうべき「東京都立桜修館中等教育学校」に受け継がれている。桜修館校の徽章（図8）、袖章（図9）を紹介しておく。

図 11　応援旗

図 12　応援旗

図 13　応援旗

図 14　応援旗

府立高の校色は、サーモンピンクに近い「蘇芳《すおう》色」で、尋常科の服装は「……学生帽の白線は無し、外套はダブル、そして通学用肩掛けズック鞄がスクールカラーの蘇芳色と規定され、俗に『府立の赤カバン』と呼ばれた[註2]」という。

旗

一般的な旗（応援旗、部旗）や幟などは、白地に黒く校章を描いたもの、白線（黒線）を加えたもの、色地のものがあり、校章にもさまざまなヴァリエーションがあった（図10、図11、図12、図13、図14、図15、図16）。

校旗（図17）は、蘇芳色の地に金糸で校章と校名が刺繍され、金色の総がつけられており、白線はない。この校旗は桜修館校に受け継がれている。

図 15　応援旗

図 16　応援旗

図 17　校旗

（註）

1　『白線帽の青春　東日本篇』（一九八八年）二二六頁。

2　吉松安弘『旧制高等学校生の青春彷徨《ほうこう》―旧制府立（都立）高等学校の昭和時代』（二〇一二年）三七頁。

㉙ 臺北高等學校（台高）

♪「獅子頭山に雲みだれ」

図1　校章

図2　校章A

図3　校章B

図4　帽章（白線付）

図5　側章

校章

大正一一年、臺灣總督府の所管にかかる官立七年制の「臺灣總督府高等學校」が設立され、尋常科一、二年生計八〇人が入学した。尋常科時代の初代校長は松村傳。

大正一四年、高等科が発足、七年制高校としての完成を見た。初代校長は三澤糾《ただす》。

昭和二年、「臺灣總督府臺北高等學校」と改称、「臺北高等學校」と呼ばれた。

校章（図1、図2（校章A））は、芭蕉（または椰子）の三枚の葉が正三角形を構成し、中央に「高」字を置いたものである。ただし、例外

図6　ボタン

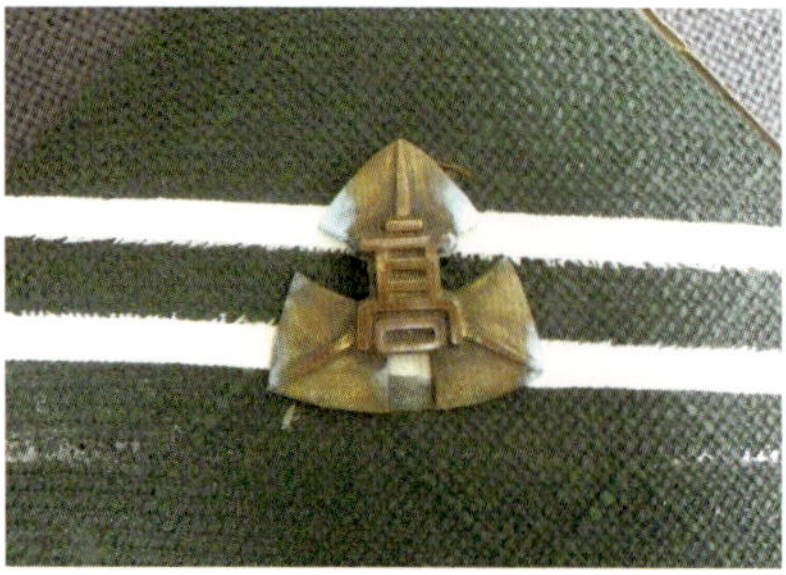
図7　アルバム

図8　アルバム

図9　記念盾

的に、三枚の葉の間隔が狭く、主葉脈が外辺に達しておらず、かなり違った印象を与えるものがある(註1)（図3〔校章B〕）。

　校章は、松村校長の要請を受けた塩月善吉が作成し、芭蕉の葉と椰子の尖端を念頭に「正三角形を基礎として椰子の若葉の尖端をあてはめたもので、「椰子の葉は勝利、正義、向上、理想」を、「正三角形は平等安定進展」を象徴し、六〇度の各頂角は「真善美」「科学芸術宗教」「教育徳育体育」等の「偏せざる理想が考えられる」という(註2)。

　帽章（図4）、側章（図5）、ボタン（図6）は、通常の校章を用いている。

　アルバム（図7、図8）、記念楯（図9）の校章を紹介しておく。

旗

　一般的な旗や幟などは、白地に黒く校章と白線（黒線）を描いたもの（図10、図11、図12、図13、図14、図15）や色地に白く校章、白線を染め抜いたものが

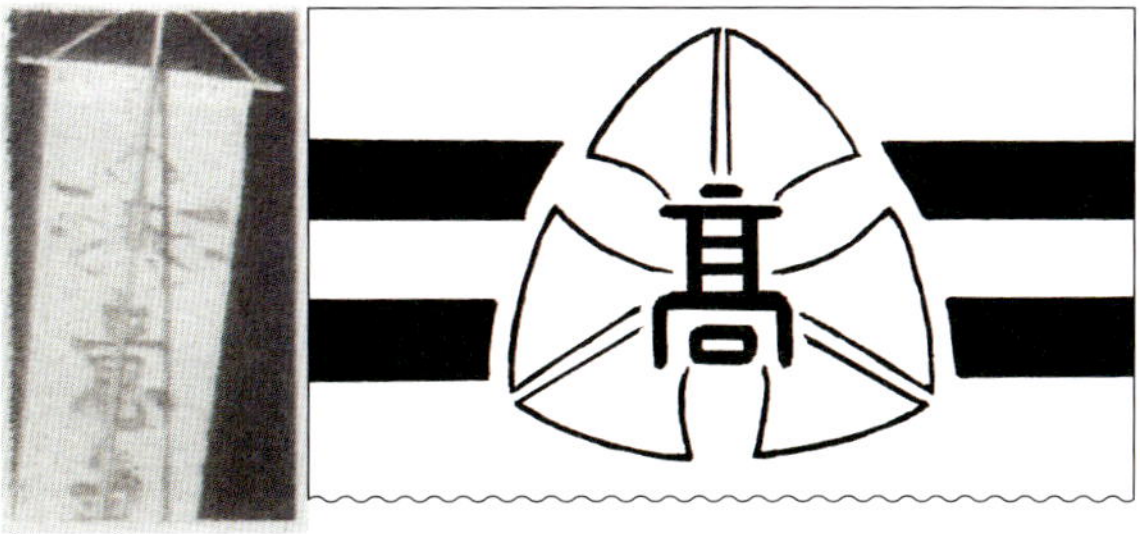

図10　幟

図11　応援旗

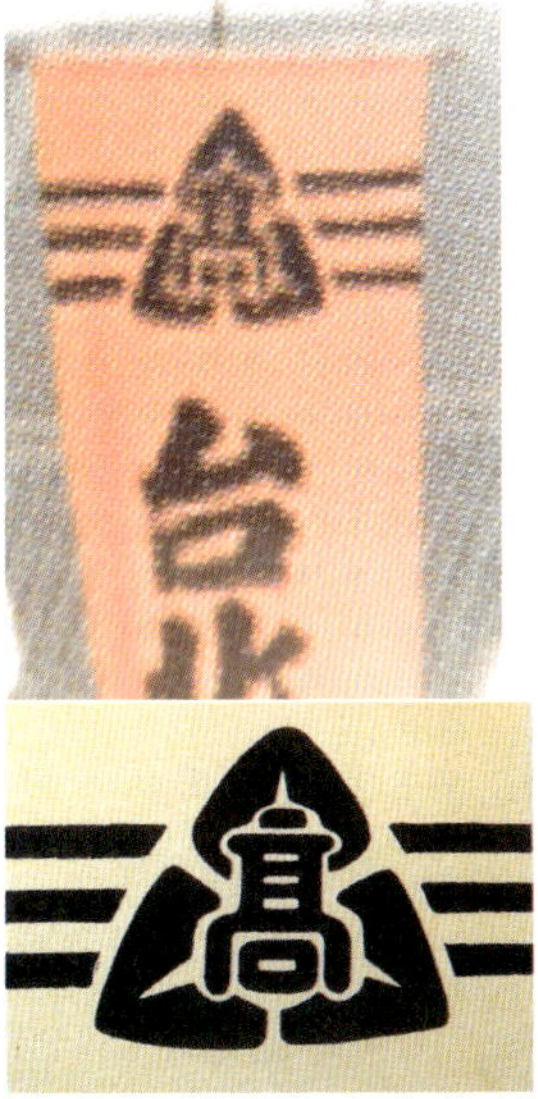

図12　幟

図13　幟（部分）

図14　応援旗

あった（図16、図17、図18）。

黒線三本に見えるものがあるがこれは白線二本を表している。旗に類似した演壇幕（図19）を紹介しておく。

校旗（図20）は、二本の白線、総、隅に房の風鎮が付いたものである。

（註）

1 図3・B型を採っているものに、『資料集成 旧制高等学校全書』（第五巻、図版四頁）、旧制高等学校記念館『旧制高等学校の歩み』（二頁）、卒業生制作の応援幟（図12）、『獅子頭山讃歌 自治と自由の鐘が鳴る』三八頁などがある。

2 塩月善吉「芭蕉と椰子の葉」（蕉葉会『台北高等学校』昭和四五年）。「（一九三三・五・九）台高新聞第二七号から」とある。

図 17　手拭

図 15　手拭

図 18　応援旗

図 16　応援旗

図 19　演壇幕

図 20　校旗

㉚ 旅順高等學校（旅高）

♪「薫風通ふ春五月」

図1　校章A

図2　校章B

図3　校章C

図4　帽章（白線付）

図5　帽章

校章

旅順高等學校は、昭和一五年四月、關東局所管の官立高等学校として設立され、昭和二〇年八月、終戦とソ連軍進駐により、五年余の短い歴史を閉じた。

校章は、初代校長川瀬光順が制作し、満洲國特命全權大使梅津美治郎によって制定され、桜の八枚の葉と一輪の花で「八紘一宇」を象徴し、中央に「髙」字を配したものである。

校章には、葉のギザギザや葉と花の尖端との間隔などに違いがあり、かなり異なる印象を受ける（図1と図2）。学校細則「服制」（註1）の徽章図（図3）は図1に近い。この違いは、初期の帽章（図4）と後期

図6　側章

図7　胸章（野球部）

図8　応援旗

図9　応援旗

の帽章（図5）の違いを反映したものであろう。側章（図6）も図1に近い。

ボタンは、「圓形ニシテ徽章ヲ表シタルモノ（黒練）」とあるが詳細不明。

運動部（野球部）の胸章（図7）を紹介しておく。

旗

旗や幟などについては、昭和一七年のインターハイに参加し、校内外の対抗試合もしているので、いろいろなものが多く用いられたはずであるが、校章の入った画像が入手できず、戦後、寮歌祭や同窓会で用いられたものを紹介する（図8、図9、図10、図11、図12）。

校旗（図13、図14、図15）は、昭和一六年一〇月一日に奉戴式が挙行され、川瀬校長が次のような式辞を述べている。(註2)

「本校ノ校旗ハ青年氣魄ノ象徴タル青色ノ絹布ヲ地質トナシ、八葉一輪ノ櫻花賞、建國ノ理想ヲ指シ、學校ノ精神ヲ鍾メテ其ノ中央ニ位シ、爛々

図 11　応援旗

図 10　応援旗

図 15　校旗

図 12　手拭

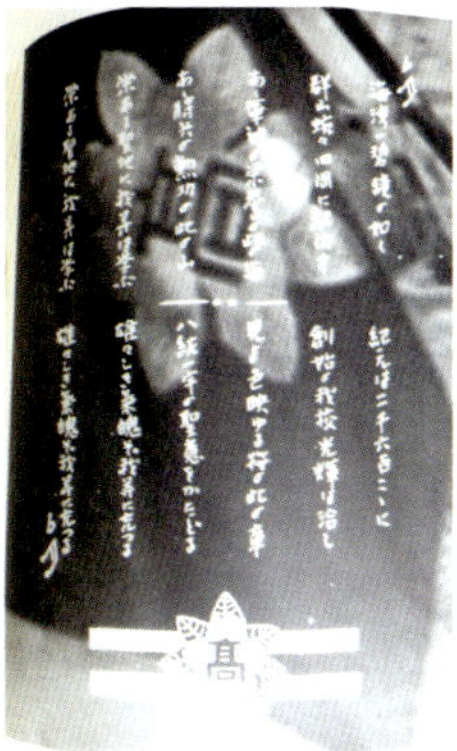

図 14　校旗（部分）

図 13　校旗（部分）

タル竿頭ノ銀鋒ニハ畏クモ教育勅語ノ謄本ヲ納メ奉レリ。實ニ是レ神聖無比、全校職員生徒ノ當ニ永遠ニ死守保衛スベキモノナリ。……」

これで青地絹製、竿頭は銀色剣型であったことが分かる。葉は校章より膨らみを帯び、白線はない。

（註）

1　旅順高等学校同窓会 向陽会『官立旅順高等学校創立四十年史』（一九八〇年）九六頁。

2　旅順高等學校『向陽』二號、昭和一七年一月一〇日、一頁。

㉛ 學習院高等科

♪「大瀛《たいえい》の水精こりて」

図1　院章A

図2　院章B

図3　院章C（輪郭付）

図4　院章D

図5　帽章

校章（院章）

學習院の歴史は古く、その淵源は、京都に公家の學習所が開かれた弘化四年（一八四七）や「學習院」と公定され勅額が掛けられた嘉永二年（一八四九）に遡るが、創立は、東京で天皇臨席の下に開業式が挙行された明治一〇年である。明治一七年、宮内省直轄の官立学校となった。

學習院高等科（高等學科）が、条件付きで、帝國大學入学を認められたのは明治三六年であるが、大正一〇年、「大學ノ關係ニ付テハ之ヲ高等學校高等科卒業者ト見做ス」（文部省令）こととされ、他の旧制高校と全く同じ扱いを受けることとなった。

図８　外套ボタン

図７　側章

図６　襟章

図10　バッジ

図９　バッジ

校章（院章〔図1〕）は、それぞれ三本の雄蕊を持つ五弁一輪の桜花で、本居宣長の「『敷島の大和心を人問はゞ朝日に匂ふ山桜花』の歌の意味をあらわしたものである」[註1]とされる。しかし、京都御所 紫宸殿の「左近の桜」を表すという異説もある。[註2]

院章には若干の違いがある。一般に用いられているもの（図1〔院章A〕）のほか、やや細身で中央の雌蕊の細部が描かれているもの（図2〔院章B〕）、これに輪郭を加えて花びらが太く、全体が丸みを帯びているもの（図3〔院章C〕）、「教學聖訓」[註3]に用いられている黒い地抜のもの（図4〔院章D〕）などがある。帽章（図5）はC、襟章（図6）はBに近い。側章（図7）は、細身の襟章類似の型と花びらがとくに丸いボタン型とがある。制服は、ホック止めの海軍士官型でボタンはないが、外套には「學」一字の金ボタン（図8）が付いている。バッジ（図9〔これは中央の雌蕊に小さな丸が九つ描かれている〕、図10）、メダル（図11）、建物に付けられた院章装飾（図12）を紹介しておく。

図11　メダル

図12　建物装飾

図13　部旗
（陸上競技部）

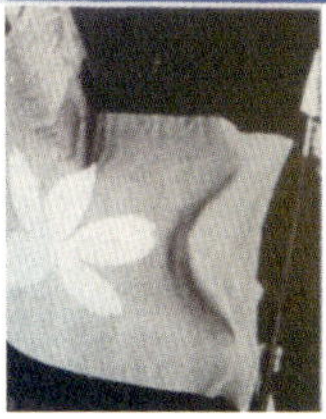

旗

一般的な旗、応援旗、部旗などは、もっぱら色地（おそらく青地）に白く院章を染め抜いたものが用いられた（図13）。旧制時代からの同窓会組織「櫻友會」の旗（図14）も青地白抜である。

昭和一一年、学校教練や観閲式に必要ということで「櫻章旗」（図15）が制定された。「……院旗と称するのには反対があり、桜章旗と称したが、その役割は校旗に他ならない」[註4]という。昭和二〇年焼失。白地に院章が描かれているが色は不明。

昭和二九年、桜友会が寄贈した「院旗」（図16）は、紺地に金銀糸で院章を刺繍し、金の縁取りと総を付けたものである。

それ以前は、式典等に用いる校旗（院旗）は無かったが、校旗に代る中心的で神聖な存在として「學習院」の「勅額」（図17（複

図 14　櫻友會旗

図 15　櫻章旗

図 16　院旗

図 17　勅額

製）」が飾られたという。

（註）

1 學習院『學習院百年史 第一編』（昭和五十六年）一六六頁。

2 高等科寮歌「大瀛《たいえい》の水」（明治四一年）二番の「……匂《にほ》ふ左近《さこん》の櫻花《さくらばな》 折《を》りてかざしに賜《たま》ひけむ 院《ゐん》の章《しるし》の尊《たふ》とさを」という歌詞もこの説の根拠の一と思われる。

3「教學聖訓」＝明治二五年、勅語などのうち教学に関する部分を編纂し、職員学生に配布して、修身の教材などに使用したもの。

4『學習院百年史 第二編』（昭和五十五年）七頁。

5 画像の多くは学習院アーカイブズ所蔵資料による。

㉜ 武藏高等學校

♪「青空わたるあまつ日は」

図1　校章

図2　帽章

図3　帽章（白線付）

校章

大正七年、高等教育の拡大に対応するため、「大學令」と並んで新しい「高等學校令」が公布され、官、公、私立の七年制高等学校（高等科三年、尋常科四年）の設立が認められることとなった。

大正一〇年、初めての私立七年制高校として財團法人 根津育英會（理事長・根津嘉一郎）による「武藏高等學校が設立認可され、大正一一年尋常科が、同一五年高等科が発足した。

校名は、申請当初「東京高等學校」であったが、同時期に設立された官立校にこれを譲り、「武藏高等學校」に変更した。校名を「武藏」とした理由は次のように説明されている。（註1）

1．位置が「武蔵国」にある。「武蔵」は「東京」より古く、広い。

2．世界大戦が戢《おさ》まり平和条約が締結された年に当り、「戢武《しゅうぶ》崇文」の義解に因

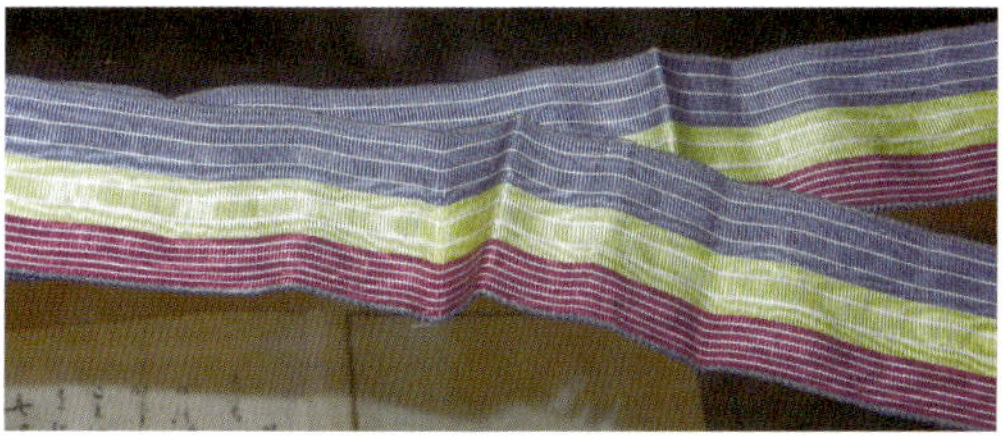

図５　佩章

図４　襟章（文・理）

図８　応援旗（部分）

図６　ボタン

図７　バックル

む（「武蔵」を武器をしまいこむと解する。この年（一九一九）に設立評議員会が発足した）。

3.「武蔵」は万葉仮名で「无邪志《むさし》」と書かれていた。邪志の無いことは学校訓育の要義である。（「无《む》」は「無」と同じ）。

校章（図１）は、「武高」の二字を二羽の雉が左右から囲む図柄で、武蔵国から瑞鳥の白雉が献上されたという続日本記の記述に因んでおり、「雉武高ヲ擁戴スルノ象ナリ」としている。作者は一木隩《いく》二郎（図案）、伊藤忠太（鑑査）、新海竹太郎（原型製作）である。[註2]

在来の高校と一線を画し、帽章（図２）に白線は付けなかった。しかし高等科の白線については当初から論争があり、[註3]一部のものは白線を付けたが程なくやめ、白線なしで推移したものの、戦後

図9　応援旗

図10　応援旗

図11　応援旗

図12　手拭

高等科生の間に白線を巻きたいとする要望が再び高まり、結局 昭和二一年「服装規定」が廃止されて白線付の帽章（図3）が見られるようになった。[註4]

このほかに、特徴的なものとして高等科の襟章と佩章がある。文理科を示す襟章は、L、Sではなく漢字の「文」、「理」（図4）が用いられた。また、高等科生になった印として式の際に着用する「佩章」（図5）が授与された。佩章は、深紫（大宝令一位官の礼服）、緑（平和の表象）、空色（武士の熨斗目）の三色で、各色は校名に因み白線で六《む》・三《さ》・四《し》に区切られた。[註5]

ボタン（図6）、バックル（図7）には校章と同じ図柄が用いられている。

旗

一般的な旗（応援旗）、幟、手拭など

図 13　校旗

には、白地に黒く校章を描いたもの（図8）のほか、草色の地に校章を白く染め抜いたもの（図9、図10）や校名を黒字で書いたものが用いられたという。寮歌祭では白線を加えた応援旗（図11）や手拭（図12）が多くみられる。

校旗（図13）は、藤色の地に白い縁取りをした山吹色の校章を配したもので、昭和一九年四月に制定された。

（註）

1 根津育英会『武蔵八十年のあゆみ』（平成一五年）四―五頁。
2 前掲および武蔵学園記念室展示説明。
3 高橋左門『旧制高等学校の教育と学生』（平成四年）八四頁。
4 根津育英会、前掲書、四六頁。
5 武蔵学園記念室展示説明。
6 画像の多くは武蔵学園記念室所蔵資料による。

㉝

甲南高等學校

♪「沈黙《しじま》の鐘の鳴り響き」

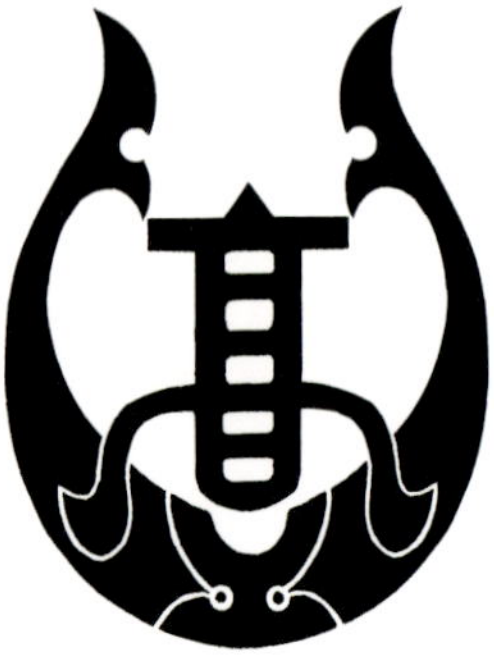
図1　校章

図2　帽章（白線付）

図3　側章

図4　ボタン

図5　校章陶板

校章

甲南高等學校は、関西実業家有志の発起により設立された財団法人甲南學園（創立者・平生釟《はち》三郎）私立甲南中學校を引き継いだ私立七年制の高等学校で、大正七年の新高等學校令に基づいて、大正一二年、設立認可され、同年、甲南中學校生徒の編入と外部からの募集により高等科（第一学年）と尋常科とをもって発足した。[註] 所在地は、六甲山南麓の兵庫県武庫郡本山村（現神戸市東灘区）で、「甲南」の校名はその位置に由来する。

校章（図1）は、甲《かぶと》（兜）を象っており、鍬形台に付けられた二本の鍬形が「高」字の左右を囲んだものである。「高」の字は、下部が丸みを帯びて兜鉢を、上部は上に突き出て兜の前立を連想させる。

図7　メダル

図7　校門装飾

図6　校章飾板

図8　応援旗

図7　バックル

図9　応援旗

図9　応援旗

図7　バッジ

帽章（図2）、側章（図3）は校章を用いているが、ボタン（図4、黒練）は篆書風の「甲南」の二字と、その左右に蕾のついた桜の花と葉を配した図柄である。

校章を象った記念品の陶板（図5）、飾板（図6）、校門に付けられていた校章の装飾とバックル、メダル、バッジ（図7）とを紹介しておく。

旗

一般的な旗（応援旗）、幟、手拭などは、白地に黒く校章と白線（黒線）を描いたもの（図8）や白線のないもの（図9）のほか、校色の葡《え》萄《び》茶《ちゃ》の地に白く図柄を染め抜いたもの（図10、図11）が多く用いられた。

校旗（図12）は、青地に金糸で校章を描いたもので、白線はない。昭

図10　応援旗

図12　校旗（上・下）

図11　応援幟

図14　校旗竿頭

図13　校旗（尋常科）

和五年五月に制定され、六月、天皇の大阪行幸の際に親閲を受けた。尋常科の校旗（図13）は、昭和一四年、全国学生生徒親閲拝受のため新調されたもので、校章の「髙」字部分は白抜きになっている。竿頭（図14）はいずれも三方正面の校章である。

（註）

1　旧制高等学校資料保存会『旧制高等学校全書 第一巻 創設編』三〇八―三〇九頁（『甲南高等學校一覧』［昭和十六年度］より）。なお、この項の記述は、多く同書によっている。

2　校旗など多くの画像は、甲南学園学園史資料室の所蔵資料による。

㉞

成蹊高等學校

♪「土の育む武蔵原野の林」

図1　校章A

図2　校章B

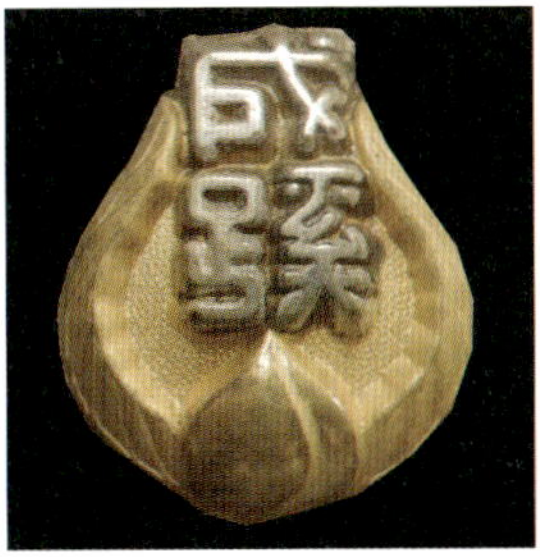

図3　帽章

図4　帽章（白線付）

図5　帽章（無字）

校章

明治三九年、中村春二《はるじ》が創設した私塾「成蹊園」は「成蹊實務學校」、「成蹊中學校」、「成蹊小學校」、「成蹊實業専門學校」と拡大されてきたが、一貫教育の必要から、大正八年、財団法人成蹊學園が設立され、大正一四年、中学校、実業専門学校などに代って、私立七年制の成蹊高等學校が設置された。中村は前年死亡し、初代校長は浅野孝之。

「成蹊」の名称は、「史記李將軍傳」中の「桃《とう》李《り》不《ふ》言《げん》下《か》自《じ》成蹊《せいけい》」によるもので、中村が考案した校章（図1、図2）の、「成蹊」の二字を葉の

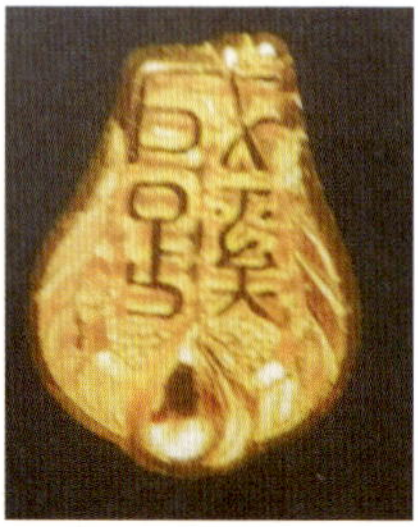

図6　側章

図7　メダル（皆勤賞）

図8　応援旗（部分）

図9　応援旗

ついた桃の実の上に配した図柄は、これに由来する。

当初、帽章（図3）に白線はなかったが、高等科生徒の要望により、昭和一五年から二条の白線を付することとなり（図4）、トレンチコートに代ってマントも認められた。[註1]

成蹊の校章・帽章は、時代によって差異があり、文字の無いものもあった（図5）。

校章の入った側章（図6）、メダル（図7〔皆勤賞〕）を紹介しておく。

旗

一般的な旗幟や手拭などは、白地に黒く校章を描いたもの（図8）、白地や赤地に黒く校章と白線（黒線）を描いたもの（図9、図10）赤地の両側に黒い縁取りをつけ中央に白く校章を染め抜いたもの（図11）、その他（図12〔法被〕）などさまざまなものが用いられた。

校旗は、当初「国旗即校旗」として日章旗が

図12　法被

図10　応援旗

図11　応援幟

校旗として用いられたが、昭和一四年、新たに校旗「護皇旗」（図13）が制定された。これは、紺青地の中央に金糸で日章を刺繍し、その周囲を八咫鏡《やたのかがみ》を思わせる赤い八弁の花形鏡が囲み、花弁の間から二本ずつ計一六本の、花弁の間から二本ずつ計一六本の光線を放射させ、花弁には交互に勾玉と剣を銀糸で刺繍したもので、日の丸と三種の神器（八咫鏡、八尺瓊曲玉《やさかにのまがたま》、天叢雲剣《あまのむらくものつるぎ》）を連想させる。竿頭（図14）は、三方正面の八弁花型に「成蹊」の文字を楷書で書いたものである。旗手が親閲拝受章を付けた護皇旗を捧持している写真（図15）を紹介しておく。

同年、校旗の副旗として「啓行旗」（図16）が制定された。これは、校旗を より軽易に代用するためのもので、（註2）白地に「啓行」の二字と校名とを書いている。「啓行」は、「道をひらく、先導する」の意。竿頭は「鋒」（図17）である。

図 13　校旗（護皇旗）左右とも

図 14　護皇旗竿頭

図 15　護皇旗と旗手

図 16　副校旗（啓行旗）

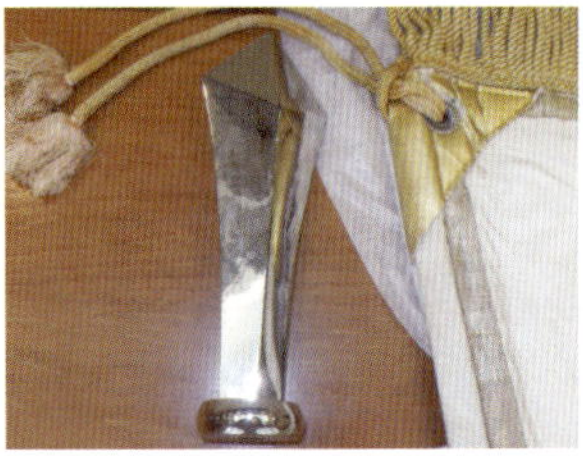

図 17　啓行旗竿頭

（註）

1 『白線帽の青春　東日本篇』（一九八八年）二五二頁 及び成蹊学園史料館展示説明。

2 成蹊高等学校教務日誌 昭和一四年一一月三日条（成蹊学園史料館 調）。

3 画像の多くは成蹊学園史料館所蔵資料による。

㉟ 成城高等學校

♪「春の武蔵野あけそめて」

図1　校章

図2　校章バッジ

図3　校章（教練用）

図4　帽章（白線付）

図5　記念品（文鎮）

校章

成城高等學校は、澤柳政太郎が、教育上の抱負を実現する実験校として、大正六年、「私立成城小學校ヲ……財團法人成城學校經營成城中學校側ニ創設」し、大正一一年「第一回生ノ小學卒業ニ當リ……成城第二中學校ヲ開設」し、大正一五年、成城第二中學校の廃止と財團法人成城學園の設立とともに私立七年制高等学校として設立認可されたものである。これにより在團法人成城學校から分離独立した。(註1)

校名「成城」は、明治一八年創立の「文武

図6　丸帽・背広の生徒

図7　白線帽・詰襟の生徒

図8　応援旗

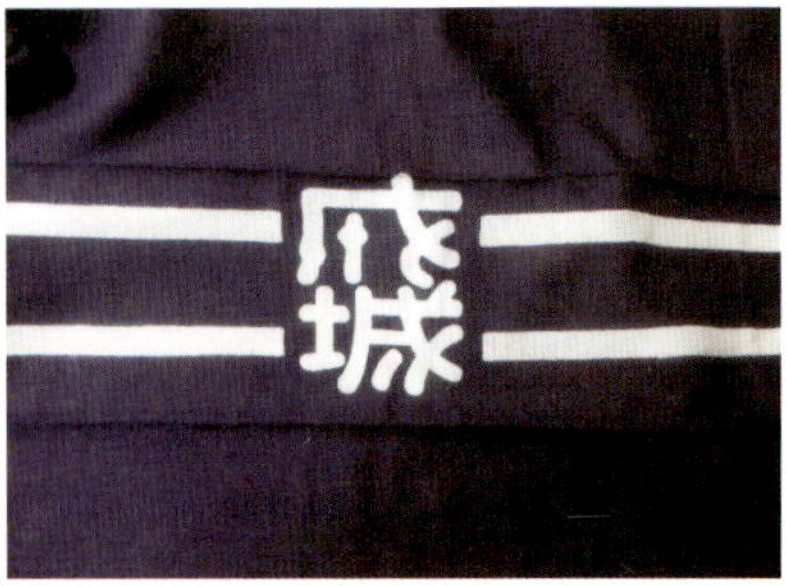

図9　応援旗

講習館」が翌年改称した「成城學校」から採ったもので、「詩經 大雅篇」の「哲夫成城」（明知の士は城を作るように国を固める）に由来する。

校章（図1）は、篆書風の文字で校名を記した丸型で、制服が紺背広型、丸帽であり、バッジの徽章（図2）が用いられたことによる。昭和七年、教練用服装の一として教練型の校章・帽章（図3）が制定された。[註2]服装についても、戦後、白線が認められ、詰襟にマントと白線帽を用いる高等科生徒も多くなり、[註3]教練用帽章が白線付帽章（図4）として使われた。ただ、こうした服装を「マント族は成城の癌だ」[註4]と白眼視するものもあったようである。

校章の記念品（図5〔文鎮〕）、丸帽と白線帽の生徒写真（図6、図7）を紹介しておく。

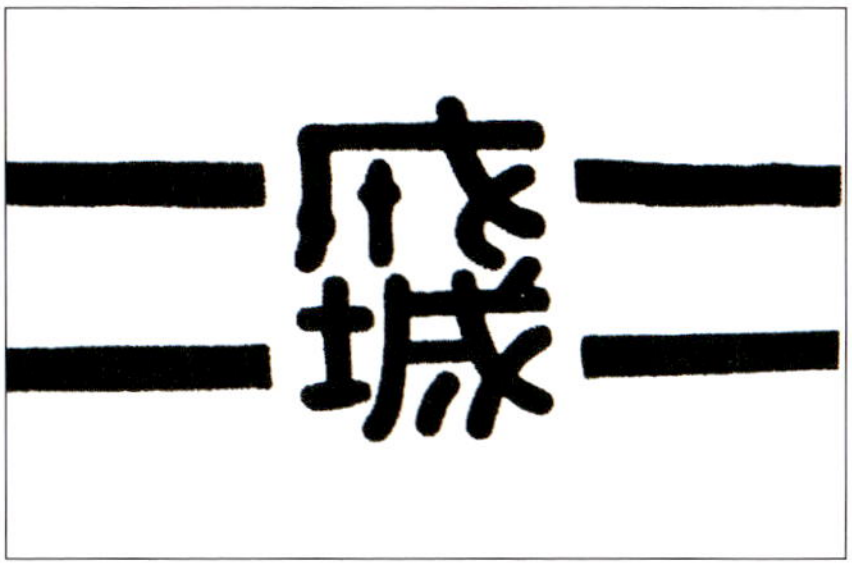

図10　応援幟（部分）

図11　手拭

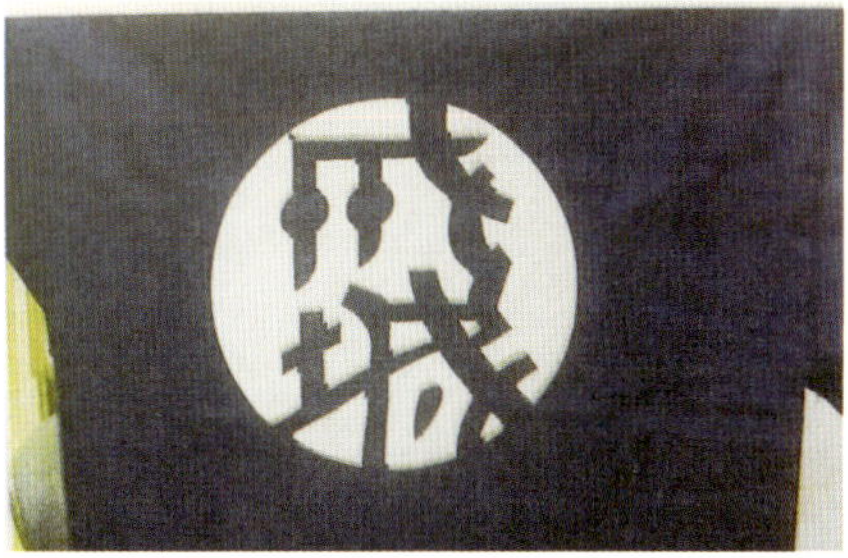

図12　法被

図13　旗

旗

一般的な旗、幟、手拭などは、青地に白、または白地に黒く校章を描いたもの、校章に白線（黒線）を加えたものなどがあった（図8、図9、図10、図11、図12、図13）。

校旗（図14、図15、図16）は、昭和一〇年、成城学園旗と兼ねたものが制定された。朱色の地に金糸の刺繍で校章を描いている。デザインは小山周次。（註5）写真を見るとデザイン（文字）に若干の差異が認められる。竿頭（図14）は三方剣である。

（註）

1 旧制高等学校資料保存会『旧制高等学校全書 第一巻 創設編』三一六頁。

2 『白線帽の青春 東日本篇』二八一頁。

3 前掲書、二七六頁。

4 日本寮歌振興会『日本寮歌祭四十年史』（平成一一年）一八一頁。

5 『白線帽の青春 東日本篇』二七〇頁。

図 15　校旗

図 14　校旗竿頭

図 16　校旗

㊱ 北海道帝國大學豫科（北大予科）

♪「都ぞ彌生の雲紫に」

図1　校章A

図2　校章B

図3　帽章A

図4　帽章B（白線付）

校章

北海道帝國大學豫科は、明治四〇年、札幌農學校を前身とする東北帝國大學農科大學に設けられた大學豫科（理科のみ）が、大正七年の北海道帝國大學創設とともに「北海道帝國大學豫科」と改称されたものである。ただし、札幌農學校には、明治五年設置された開拓使假學校が、同八年札幌學校と改称され、同九年これが改組されて札幌農學校となった古い歴史がある。

　北海道帝國大學は、昭和二二年北海道大学と改称され、学制改革により同二四年新制大学に移行し、予科は、同二五年、最終卒業式を行ってその

図5　側章

図6　ボタン

図7　バックル

図8　恵迪寮　寮生章

図9　寮生章・徽章

幕を閉じた。(註1)

校章（図1）は、札幌農學校の校章「櫻星章」を引き継いだもので、開拓使が「北辰旗」に使用し、北海道のシンボルともなった北極星を、桜の花と蕾と葉とで丸く囲んだ図柄である。この校章は、図柄に若干の差異があり、花が左右それぞれ三個半あるもの（図1〔A型＝花がやや大きい〕）と四個半のもの（図2〔B型〕）とがあり、帽章（図3〔A型〕と図4〔B型〕）にもこの違いが認められる（A型が正しいとする説もあるが、帽章のほか応援旗や校旗型櫻星旗（図17）などにもB型のものがあるので、両者を並列的に紹介しておく）。また、星も、稜角が異なり、脹らみに違いが認められる。

大正三年の東北帝大時代、予科制帽に三本の白線を巻くこととされた。(註2)

校章を用いた 側章（図5）、ボタン（図6）、バックル（図7）を紹介する。

予科設置に先立つ札幌農學校時代の明治三八年に建設された恵迪《けいてき》寮では、昭和四年、延齢草を図案化した寮生章が定められた。この寮生章（図8、図9〔徽章〕）は、櫻星章と並んで代表的なシンボルとして用いられた。「恵迪」は書經の「恵

図 11　応援風景

図 10　応援旗

図 13　応援旗

図 12　応援旗

迪吉」（正しい道（迪）に従（恵）えば吉）に由来する。恵迪寮は、本科生、各科生を収容していたが、大正一一年、予科生のみの寄宿舎となった。

旗

一般的な旗や幟などは、対抗戦にもよく用いられ、その多くが白地に黒く櫻星章と三本の白線（黒線）を描いたもの（図10、図11（応援風景）、図12）であったが、緑地に白く櫻星章と白線を染め抜いたものもあった（図13、図14、図15（法被）、図16（記念幟））。恵迪寮の寮生章を描いたものも用いられた。

一般的な櫻星旗とは別に、校旗型とでも呼ぶべき櫻星旗がある（図17）。この旗は、北大予科の校旗であるという説、北大予科校友会「櫻星會」の会旗で、優秀な成績を挙げた運動部に授与したという説、その他の説があるという。この「校旗型櫻星旗」は、赤地に金糸で櫻星章を刺繍し、三本の白線とブロンド色の総を付けたもので、白線のあることから大正三年以降に作られたと思われる。竿頭（図18）は、珍しい「槍の穂」型である。

図 15　法被

図 14　応援旗

図 17　櫻星旗（校旗型）

図 16　記念幟

図 18　校旗型
櫻星旗の竿頭

図 17　櫻星旗（部分）

（註）

1 北海道大学『写真集 北大百年』（一九七六年）二一八―二一九頁。

2 前掲。

3 櫻星旗画像は北海道大学大学文書館所蔵資料による。

㊲ 京城帝國大學豫科（城大予科）

♪「紺碧遙かに鶴舞ふ高麗野《こまの》」

図1　校章A

図2　校章B

図4　側章

図3　帽章（白線付）

校章

大正一三年、朝鮮總督府所管の京城帝國大學官制が公布され、その設立は予科から始められた。朝鮮總督府令により大學豫科規定が発布され、五月、予科（文科、理科。当初は二年制、昭和九年度から三年制）のみ始業式を挙行して発足した。京城帝大には予科から進学することとなっており、大学に置かれた二学部（法文學部、醫學部）は、予科生が進学した大正一五年に開設された。昭和一五年、理工學部が新設されることとなったため、理科に理工學部進学者のためのクラスが増設された。[註1] 昭和二〇年、終戦と

図6　ネクタイピン

図5　バックル

図9　応援旗

図7　記念品の校章

ともに、内地人の在校生が、故国に引き揚げ、内地の高校に転校するなどして、十九年間の歴史の幕を閉じた。

校章（図1、図2）は、朝鮮を代表する欅の葉九枚（大三枚、小六枚）を三角形にまとめ、中央に丸で囲んだ篆書の「大豫」の二字を置いたものである。欅は、樹幹と葉の形から、質実剛健の気風と雄大高邁な理想を表象するにふさわしいとされ、この形が一高の柏葉章に似ているのは創案者の初代豫科部長小田省吾が一高出身であったためという。(註2)

校章は、字を囲む丸が一重と二重（葉の前面と背後に分かれている）のもの、葉が重なっているものと独立しているもの、文字の形が違うものなどがあり、若干差異が認められる。帽章（図3）は二重丸で葉が独立しており、側章（図4）では丸が省かれている。

バックル（図5）、ネクタイピン（図6）、記念品の校章（図7、図8）を紹介する。

図10　応援旗

図11　応援旗

図12　手拭

図13　応援旗

旗

一般的な旗や幟などは、白地に黒く校章と白線（黒線）を描いたもののほか色地に白く校章、白線を染め抜いたものが用いられた（図9、図10、図11、図12〔手拭〕、図13、図14）。応援旗は、滿洲醫科大學豫科との競技会が京城と奉天とで交互に行われた際の応援合戦などに用いられたという。（註3）

校旗（図15〔原物・親閲拝受章付〕、図16〔複製・竿頭〕、図17〔複製〕）は、校歌「紺碧遙かに」を思わせる青地に金糸で校章と校名の文字を刺繍し、二条の白線と金の総を付けたものである。この校旗には、敗戦時の混乱の中で一生徒が片面を日本に持ち帰り、昭和二二年、没後遺品の中に発見され、遺族がこれを同窓会に寄贈し、同窓会がこれを用いて校旗を復原したというエピソードがある。（註4）

図14　応援旗

図15　校旗（原物・親閲拝受章付）

図16　校旗
（複製・竿頭）

図17　校旗（複製）

（註）

1　山本光利「京城帝国大学予科 略史」（ノーベル書房『わが青春 旧制高校』）二〇七頁。

2　山田卓良（旧制高等学校記念館 平成七年度特別展 展示説明）。

3　山本、前掲、二〇八頁。

4　京城帝国大学・予科同窓会『写真集 城大75周年』二八頁 及び同東日本同窓会会報『高麗野』二三号、（二〇一三・一・二〇）一三—一五頁。

㊳ 臺北帝國大學豫科（台大予科）

♪「椰子の葉茂る學舍に」

図1　校章A

図2　校章B

図4　ボタン

図3　帽章（白線付）

校章

臺灣總督府所管の臺北帝國大學は、昭和三年、文政學部と理農學部の二学部で開設され、同一一年、醫學部が増設された。同一六年、これらの学生を養成するため大學豫科が文科一組、理科三組（農類、醫類、工類）と進学別の編成で開設された。敗戦により昭和二一年引揚が開始され、同年三月末をもって廃校となり、五年間の短い歴史を閉じた。

　校章（図1、図2）は、台湾の代表的な花「胡蝶蘭」の三つの蕾と三枚の葉とを三角形に図案化したもので、ある教授は「蕾そのものが未来

図５　バッジ

図６　記念誌

図８　卓上飾旗

図７　卓上飾旗

への希望を孕む豫科を適切に象徴するのみならず、更に花梗の曲線は非対称的な三片の葉と相俟って、内に太陽を抱き将に静より動に移らんとするエネルギーの飛躍がまざまざと感じられる」[註1]と称賛している。

帽章（図３）は校章と同じであるが、当初「意匠も製作も間に合うはずはないので、窮余の策として、予科は大学の予科であるからというので大学の徽章をつけることにしようと相成った」また、白線は「台北高校の帽子は二本の白線をまいているから、予科のそれには三本の白線を巻くことにしよう」[註2]ということでき められたという。

ボタン（図４）、記念品のバッジ（図５）、同窓会記念誌[註3]表紙の校章（図６）、創立四十、四十五周年に当って臺灣蘭香會が贈った卓上飾旗（図7、図８）を紹介し

図 9　応援旗

図 10　応援幟

図 11　応援旗

ておく。

旗

応援旗や幟は、台北高校との定期戦や校内のクラスマッチなどによく使われた。白地に黒く校章と白線を描いたもの（図9）のほか、青地に白い白線と黒く校章を染め抜いたもの（図10、図11）や色地に校章を白く染め抜いたもの（図12、図13〔法被〕）などがあった。図14は、旗や幟を持って集合した記念写真で、下部に「工類ノ幟完成ヲ祝シテ昭和十七年二月二十八日台大正門前ニテ」と書かれている。[註4]

校旗は、戦時中の物資窮乏により製作されず、式典などの必要な時には大學豫科であることから大学旗を用いたという。

図 12　応援旗

図 13　法被

図 14　旗幟集合記念写真

（註）

1　吉川涼「胡蝶蘭」（台北帝国大学予科創立五十周年記念会誌編集委員会『芝蘭』、一九九四年）五六頁、（校友会誌『士林』第一号より転載）。

2　溝邊龍雄、前掲、四六―四七頁。

3　台大予科同窓会 蘭香会『台大予科寮歌集よもやま話』（一九九九年）。

4　インターネット「國立臺灣大學 校史館《台北帝大豫科老照片奇縁》」。

親閲拝受章について

古い校旗の写真には、竿頭部分に丸い飾がつけられ、これから長い垂れが下がっているものが散見される（図1）。これは、昭和一四年五月二二日、陸軍現役將校學校配屬令公布十五年記念式典の宮城前広場における合同査閲の際、天皇親閲を受けた校旗に与えられた「親閲拝受章」である。親閲を受けたのは、全国の男子中学校以上の学校で、参加校二〇一四校、参加した学生生徒とその引率者は三五六〇〇人余に上った。（註）

親閲拝受章は、紅の縁取りをした白い円形の布地の中央に金色金属製の八咫鏡《やたのかがみ》を模した八稜鏡を付けたもの（図2）で、この八稜鏡には中央に三本足の八咫烏《やたがらす》が瑞雲とともに描かれ、上部に「御親閲拝受章」、下部に「文部省　昭和十四年五月二十二日」と書かれている（図3）。八咫鏡は三種の神器の一、八咫烏は神武天皇東征のとき大和へ入る山中を導くため天照大神が遣わした烏である。

これに付けられた垂れ（記念綬）は、勲章の旭日章の綬に酷似して、白い布地の両側に紅の縁取りがあり、中央に桜花に飾られた旭日と「御親閲記念」の文字が金色で配されている（図4）。

親閲拝受章は終戦まで校旗に付けられ、これを付けた校旗は唯一の正旗として他の旗幟類と厳しく区別された。

（註）水崎雄文『校旗の誕生』一六八頁。なおこの項の記述は多くこの書によっている。

図1（親閲拝受章付校旗）

山形高 校旗

四高 校旗

一高 護國旗

高知高 校旗

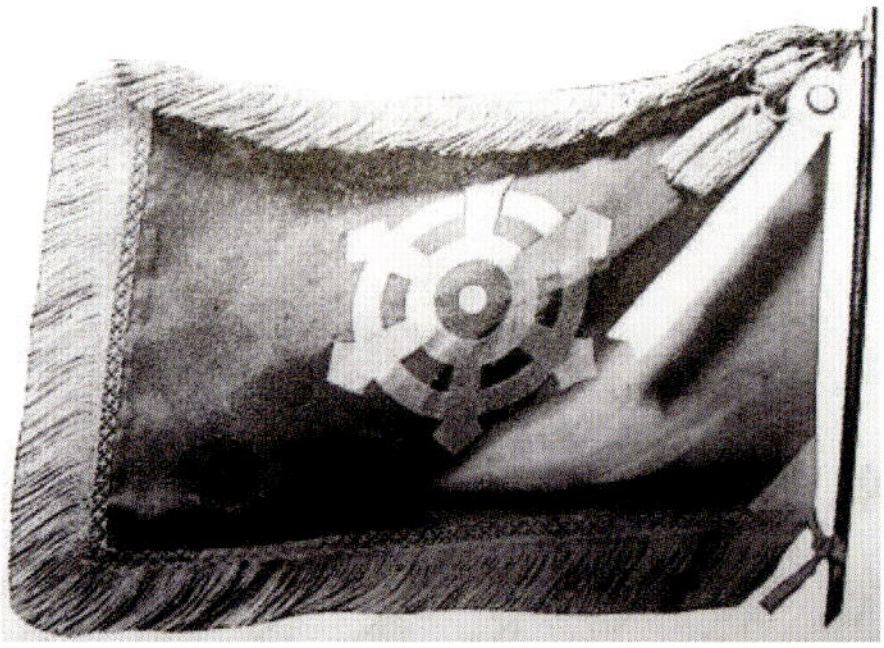
六高 校旗

成蹊高 護皇旗

図 2

図 4

図 3

【補足資料】

旧制高校の時代別区分

旧制高校三八校中特殊な學習院高等科を除く三七校を創立時代別に区分すれば次の通りである。

明治時代　八（ナンバースクールのみ）

官立　八

〔内訳〕

一八九四年高等中学校から名称を変更したもの　五（第一〜第五）

一九世紀にできたもの　六（右の五校＋第六）

二〇世紀にできたもの　二（第七、第八）

大正時代　二六　（ネームスクール　二四、帝大予科　二）

〔内訳〕

官立　一九（一は一九四三年まで公立＝富山、一は外地＝臺北）

公立　一（浪速）

私立　四（私立のすべて＝武藏、甲南、成蹊、成城）

大予　二（一は外地＝城大豫、他は北大豫）

昭和時代　三

〔内訳〕

官立　　　一（外地＝旅順）

公立　　　一（府立）

大予　　　一（外地＝臺大豫）

（1）ナンバースクールはすべて明治時代の創立。

（2）圧倒的多数（七〇％）が大正時代の創立。

（3）内地の官立ネームスクール、私立四校のすべてが大正時代の創立。

（4）昭和時代は例外的。昭和三校はすべて公立または外地。

（5）外地は四校で、大正が二（臺北、城大豫）、昭和が二（旅順、臺大豫）。

（6）官立地名校（一八校。外地を除く）のナンバーは次のようになる。

新潟＝第九、松本＝第十、山口＝第十一、松山＝第十二、水戸＝第十三、山形＝第十四、佐賀＝第十五、弘前＝第十六、松江＝第十七、東京＝第十八、大阪＝第十九、浦和＝第二十、福岡＝第二十一、静岡＝第二十二、高知＝第二十三、姫路＝第二十四、廣島＝第二十五、富山＝第二十六。

舊制高等學校校章の圖柄と意味

学校	創立	圖柄	意味	「モットー」、校風
①第一	一八九四	柏葉・橄欖	文武（マルス［武］・ミネルヴァ［文］）	「自治」
②第二	〃	蜂	勤勉？	「尚志」、「雄大剛健」
③第三	〃	櫻花＋三	第三＋日本（京都？）	「自由」
④第四	〃	北辰（四稜星）	第四＋北國（不動？）	「超然」
⑤第五	〃	柏葉・橄欖＋五高	五高＋文武（第一と同じ）	「剛毅朴訥」
⑥第六	一九〇〇	六稜・三重圓	第六、螢雪の功？　大日本六高？	忍苦精進
⑦第七	一九〇一	鶴＋七高	七高＋鹿児島（鶴丸城）	
⑧第八	一九〇八	神劍＋8	第八＋名古屋（熱田神宮）	
⑨新潟	一九一九	雪（銀色）	新潟（雪の新潟）	

⑩松本	〃	旭日・松＋髙	松本、第九高？（旭日は光線九本）	
⑪山口	〃	柏葉・鍬形＋髙	山口（柏葉と鍬形で山口を象る）	
⑫松山	〃	松・櫻花＋髙	松山＋三光＋日本	真善美
⑬水戸	一九二〇	六稜星＋高	水戸（水）	曉鐘精神
⑭山形	〃	鳥海ふすま	山形（鳥海山）	「地靈人傑」
⑮佐賀	〃	菊葉＋佐高		剛健質實
⑯弘前	〃	鵬＋弘高	「鵬之背不知其幾千里也」	
⑰松江	〃	松葉・雪＋髙	松江、第十七高（松十七葉×3）	
⑱東京	一九二一	菊葉（寒菊）		
⑲大阪	〃	月桂樹＋大高	「月の桂を手折らむ者の志、大且高」	

⑳	浦和	一九二一		菊花菊葉＋[浦高]		
㉑	福岡	〃		市章・梅花＋[高]	福岡（剣＝フ×9）、太宰府、文武	
㉒	静岡	一九二二		富士薔薇＋[高]	静岡（富士山麓）	
㉓	高知	〃		柏・月桂樹＋[高]	高知（土佐柏？ 桂浜）	
㉔	姫路	一九二三		白鷺＋[高]	姫路（白鷺城）	
㉕	廣島	〃		笹（三葉）＋[高]	廣島（三篠川）	
㉖	富山	〃		三稜剣＋[高]	富山（剣岳、立山三山）	
㉗	浪速	一九二六		浪＋[高]（銀色）	浪速（大阪）	
㉘	府立	一九二九		櫻花・旭日	「朝日に匂ふ山櫻花」（東京府立一中校章から）	
㉙	臺北	一九二二		蕉葉＋[高]	臺灣（芭蕉）	

㉚旅順	一九四〇		櫻花櫻葉（八葉）＋高	旅順（櫻が多い町）、八紘一宇	
㉛學習院	一九〇三		櫻花	日本（國花）、大和心	
㉜武藏	一九二二		雉＋武高	武藏（白雉は武藏の瑞祥）	
㉝甲南	一九二三		鍬形＋高	六甲山（鍬形＝甲）	
㉞成蹊	一九二五		桃果桃葉＋成蹊	「桃李不言下自成蹊」	
㉟成城	一九二六		成城	「哲夫成城」	
㊱北大豫	一九一八		櫻花櫻葉・星	北海道（札幌農學校「櫻星章」を継ぐ）	Be ambitious!
㊲城大豫	一九二四		欅＋大豫	朝鮮（欅は朝鮮の代表的樹木）	
㊳臺大豫	一九四一		胡蝶蘭	臺灣（南國の名花）	

佐竹和世「旧制高校徽章論　上」（『旧制高等学校史研究』第2号）
旧制高等学校記念館『旧制高等学校の歩み』、各校史、寮史等から作成。

舊制高等學校校章一覧

高 一 ①
高 二 ②
高 三 ③
高 四 ④
高 五 ⑤
高 六 ⑥
館士造高七 ⑦
高 八 ⑧
潟 新 ⑨
本 松 ⑩
口 山 ⑪
山 松 ⑫
戸 水 ⑬
形 山 ⑭
賀 佐 ⑮
前 弘 ⑯
江 松 ⑰
京 東 ⑱
阪 大 ⑲
和 浦 ⑳
岡 福 ㉑
岡 静 ㉒
知 高 ㉓
路 姫 ㉔
島 廣 ㉕
山 富 ㉖
速 浪 ㉗
立 府 ㉘
北 臺 ㉙
順 旅 ㉚
院習學 ㉛
藏 武 ㉜
南 甲 ㉝
蹊 成 ㉞
城 成 ㉟
豫大帝道海北 ㊱
豫大帝城京 ㊲
豫大帝北臺 ㊳

舊制高等學校旗幟一覽

①一高

②二高

③三高

④四高

⑤五高

⑥六高

⑦七高造士館

⑧八高

⑨新潟

⑩松本

⑪山口

⑫松山

⑬水戸

⑭山形

⑮佐賀

⑯弘前

⑰松江

⑱東京

⑲大阪

⑳浦和

㉑福岡

㉒靜岡

㉓高知

㉔姫路

㉕廣島

㉖富山

㉗浪速

㉘府立

㉙臺北

㉚旅順

㉛學習院

㉜武藏

㉝甲南

㉞成蹊

㉟成城

㊱北海道帝大豫

㊲京城帝大豫

㊳臺北帝大豫

おわりに

平成七年の第一回から平成二六年の第二〇回まで、常時旧制高校三八校、参加者四〇〇余人を集めて開催された「東京寮歌祭」で、私は各校の席を示す卓上幟（下図）を担当し、幟に描く校章を調べるうちにその含蓄の深さと美しさに魅了され、卒業生の校章に対する愛着に強い印象を受けた。

平成二一年、国際旗章学会議（ＩＣＶ23）が初めて日本（横浜）で開催されたとき、私は「旧制高校の旗」（"Flags of Higher Schools in Imperial Japan 1894-1950"）と題する発表を行った。日本人にも興味のなさそうなこの報告は、不思議なことに、外国人参加者の好評を博し、「最優秀報告賞」（Best Paper Award）を受賞することとなった。

この折、ある出版社幹部（塚田敬幸氏）から上梓の話があり、到底売れる見込みのないテーマのこととて躊躇逡巡

したが、「後世への記録として」との言葉に励まされ、その後、各地を回り、資料を渉猟し、関係者（とくに旧制高校卒業者）の惜しみない援助を受けて、一応の形にまとめ上げることができた。この一冊が我が国の古き良き時代を偲ぶ一助となれば喜びこれに過ぎるものはない。

二〇一六年　五月

熊谷　晃

【参考文献】

『資料集成 旧制高等学校全書』（第一巻―第八巻、別巻）（旧制高等学校資料保存会、昭和出版、一九八五年）
『旧制高等学校史研究』（季刊第1号―第20号、旧制高等学校資料保存会、昭和49年―54年）
『旧制高等学校の歩み 旧制高等学校記念館資料集』（松本市教育委員会、平成12年）
『旧制高等学校の青春 旧制高等学校記念館資料集』（松本市教育委員会、平成10年）
『白線帽の青春』（東日本篇、西日本篇）（国書刊行会、一九八八年）
『わが青春・旧制高校』（ノーベル書房、昭和43年）
『向陵誌』（第一巻、第二巻、駒場篇、一高応援団史）（一高同窓会、昭和五十九年）
『第一高等學校六十年史』（第一高等學校、昭和十四年）
『第一高等学校自治寮六十年史』（一高同窓会、一九九四年）
『写真図説 嗚呼玉杯に花うけて 第一高等学校八十年史』（講談社、一九七二年）
『蜂―思い千里の…』（尚志 第73号 蜂章特集号、第二高等学校尚志同窓会、平成13年）
『神陵史―第三高等學校八十年史―』（三高同窓会、昭和五十五年）
『写真図説 紅萌ゆる丘の花 第三高等学校八十年史』（講談社、一九七三年）
『自由の鐘』（神陵文庫別冊 三高記念室展示図録、三高自昭会、平成一七年）
『第四高等學校時習寮史』（複製版、四高同窓会、平成十三年）
『写真集 旧制四高青春譜』（第四高等学校同窓会、一九八六年）
『龍南の青春賦 写真集・五高一〇〇年』（五高同窓会、昭和62年）
山岡望『六稜史筆』（内田老鶴圃新社、昭和50年）
『七高思出集 前篇』（第七高等学校造士館同窓会、昭和三十五年）
『北辰斜にさすところ―第七高等学校造士館50年史―』（財界評論新社、昭和四十五年）
『伊吹おろしの雪消えて―第八高等学校史―』（財界評論新社、昭和四十八年）
『あくがれてこし丘の上や』（新潟高等学校六花会、昭和56年）
『われらの青春ここにありき』（松本高等学校同窓会、昭和53年）
『鴻峯四十年』（旧制山口高等学校同窓会、昭和三七年）
『創基二〇〇周年 山口大学の来た道（1―4）』（山口大学、二〇一三年）
『写真集 暁雲こむる』（松山高等学校同窓会、平成元年）
『時乾坤に移ろひて 水戸高等学校・写真集』（水戸高等学校同窓会、一九八九年）
『母校回顧』（山形高等学校五十年・山形大学文理学部二十年記念会、一九七〇年）
『ああ青春よ我にまた』（旧制佐高創立五十周年記念大会、昭和四六年）
『大鵬われらの徽章とかざす 弘前高等学校写真集』（旧官立弘前高

等学校同窓会、昭和五十四年）
『翠松めぐる―松江高等学校史―』（財界評論新社、昭和四十二年）
『旧制東京高等学校 ジェントルマン教育の軌跡』（東京高等学校同窓会、二〇〇一年）
『大高 それ青春の三春秋』（大阪高等学校同窓会、昭和42年）
『旧制大阪高等学校史』（旧制大阪高等学校同窓会、平成三年）
『瑤沙抄誌 旧制高等学校物語・浦高篇』（財界評論社、昭和四十年）
『時じくぞ花―官立静岡高等学校創立七十五周年記念誌―』（旧制静岡高等学校同窓会、平成九年）
『高知、高知あゝ我母校 旧制高知高等学校五十年史』（旧制 高知高等学校同窓会、昭和四十七年）
『姫山の残照 旧制姫路高等学校 創立八十周年記念誌』（旧制姫路高等学校同窓会、平成十五年）
『旧制富山高校物語 あゝ若き日の』（巧玄出版、昭和53年）
『待兼山 青春の軌跡―旧制浪速高等学校創立70年記念誌―』（旧制浪速高等学校同窓会、一九九五年）
『八雲 府立高等学校七十周年記念号』（府立高等学校同窓会、平成11年）
吉松安弘『旧制高等学校生の青春彷徨―旧制府立（都立）高等学校の昭和時代―』（彩流社、二〇一二年）
『官立旅順高等学校創立四十年史』（旅順高等学校同窓会 向陽会、一九八〇年）
『武蔵八十年のあゆみ』（根津育英会、平成15年）
『成城学園70年の歩み』（成城学園、昭和六二年）
『写真集 北大百年』（北海道大学、一九七六年）
『台北帝国大学予科 寮歌集 よもやま話』（台大予科同窓会蘭香会、一九九九年）
水崎雄文『校旗の誕生』（青弓社、二〇〇四年）
松浦濤人『ああ青春よ 我にまた―旧制高等学校碑の旅』（国書刊行会、一九九六年）
ドナルド・T・ローデン、森敦 監訳『友の憂いに吾は泣く 旧制高等学校物語（上・下）』（講談社、昭和五十八年、［とくに表紙とカバー］）
日本寮歌振興会編『日本寮歌祭四十年史』（国書刊行会、平成12年）
日本寮歌振興会『日本寮歌祭五十年記念誌』（平成二二年）
佐竹和世「白線由来記」（『学十会会報』七二一号、昭和四八年IV号）七五―七七頁。
佐竹和世「旧制高等学校徽章論 上」（『旧制高等学校史研究』第二号、昭和49年10月）一―一二頁。

【索　引】

〔著者紹介〕

熊谷 晃（くまがい あきら）

元 一高同窓会資料委員
1933年　出生（大阪市）
1958年　東京大学文学部西洋史学科卒業
　　　　同新聞研究所本科修了
　　　　防衛庁入庁
1962～63年　カリフォルニア大学(UC Berkeley)大学院(国際関係論)
1973年　英国防大学（RCDS）修了
1984～85年　ケンブリッジ大学 国際問題研究センター
　　　　　　同クレアー・ホール客員フェロー
1993年　防衛庁退職（防衛研究所第一研究部長）
2009年7月　国際旗章学会議（ICV 23）で
　　　　　“Flags of Higher Schools in Imperial Japan 1894-1950 ”
　　　　　（「旧制高校の旗」）を発表
　　　　　Best Paper Award（最優秀報告賞）受賞
日本旗章学協会　英国旗章学協会 会員　一高同窓会会友

旧制高校の校章と旗

2016年 6月15日　初版第1刷発行

■著者　熊谷　晃
■発行者　塚田敬幸

■発行所　えにし書房株式会社
〒102-0074　千代田区九段南2-2-7 北の丸ビル 3F
TEL 03-6261-4369　FAX 03-6261-4379
ウェブサイト　http://www.enishishobo.co.jp
E-mail　info@enishishobo.co.jp

■印刷／製本　モリモト印刷
■装丁／DTP　板垣由佳

　ISBN978-4-908073-22-9　C0037

周縁と機縁のえにし書房

世界「地方旗」図鑑

苅安 望 著／B5判／上製／12,000円+税／オールカラー　978-4-908073-15-1 C002

国旗よりさらに踏み込んだ行政区域、県、州の旗を広く紹介することを目的に編集。ほとんど知られていない旗を体系的に紹介する旗章学研究の金字塔。独立国198カ国の政治体制・地方行政単位が地図と共に幅広く理解できる稀有な書。

日本「地方旗」図鑑　ふるさとの旗の記憶

苅安 望 著／B5判／上製／12,000円+税／オールカラー　978-4-908073-25-0 C0025

3000を超える都道府県、市町村の旗を掲載した比類なき図鑑。47の都道府県旗と1741の市町村旗のすべてを正確な色・デザインで地図と共に掲載、解説。「平成の大合併」に伴い廃止された1247の「廃止旗」も旧市町村名とともに掲載。

ボンボニエールと近代皇室文化　掌上の雅

長佐古 美奈子 著／A5判／並製／3,500円+税／オールカラー

皇室からの小さな贈り物……明治初期、宮中晩餐会の引出物としてはじまった掌サイズの美しく、粋な工芸品「ボンボニエール」（元は菓子器）を学術的に研究・紹介。ボンボニエールを様々な角度から考察した唯一の本格的研究書。貴重なボンボニエール200点以上を掲載。978-4-908073-17-5 C0072

ぐらもくらぶシリーズ1

愛国とレコード　幻の大名古屋軍歌とアサヒ蓄音器商会

辻田 真佐憲 著／A5判／並製／1,600円+税／オールカラー　978-4-908073-05-2 C0036

軍歌こそ"愛国ビジネス"の原型である！ 大正時代から昭和戦前期にかけて名古屋に存在したローカル・レコード会社アサヒ蓄音器商会が発売した、戦前軍歌のレーベル写真と歌詞を紹介。詳細な解説を加えた異色の軍歌・レコード研究本。

陸軍と性病　花柳病対策と慰安所

藤田 昌雄 著／A5判／並製／1,800円+税　978-4-908073-11-3 C0021

日清・日露戦争以後から太平洋戦争終戦間際まで、軍部が講じた様々な性病予防策としての各種規定を掲載、解説。慰安所、戦地の実態を活写した貴重な写真、世相を反映した各種性病予防具の広告、軍需品として進化したコンドームの歴史も掲載。実態を明らかにする第一級資料！

国鉄「東京機関区」に生きた　1965～1986

滝口 忠雄 写真・文／B5判横／並製／2,700円+税　978-4-908073-04-5 C0065

いまはなき国鉄「東京機関区」に生きた著者が、国鉄職員の"働く姿と闘う姿"と"電気機関車の姿"を活写した貴重な写真集。1965年～86年までの国鉄の姿は、戦後昭和史の第一次資料として後の世代にも伝えたい貴重な記録。